Markus Wäsch

Olivengrün im Schnabel

Von (Neu)Anfängen im ersten Buch Mose

W0177877

Markus Wäsch

OLIVENGRÜN IM SCHNABEL

Von (Neu)Anfängen
im ersten Buch Mose

Wäsch, Markus
Olivengrün im Schnabel
Von (Neu)Anfängen im ersten Buch Mose

ISBN 978-3-89436-915-6

© 2011 Christliche Verlagsgesellschaft mbH,
Dillenburg, www.cv-dillenburg.de
Satz: CV Dillenburg
Umschlaggestaltung: Provinzglück,
Gladenbach, www.provinzglück.com
Druck: CPI Moravia Books, Pohorelice

Printed in Czech Republic

INHALT

Vorwort

»Markus, wir haben eine Frage ...«, mit solchen Worten kommen oft verschiedenste Leute nach einem Gottesdienst zu mir. Diesmal sind es Jannik und Tobias – ihr Gesichtsausdruck ist unsicher bis erwartungsvoll.

»Schießt los!«, sag ich.

»Gott hat doch die Welt erschaffen, oder?«

»Ja.«

»Aber wer hat dann Gott erschaffen? Woher kommt er?«

»Setzt euch, Jungs!«

Gemeinsam denken wir über die Sache nach: Wir Menschen haben einen Anfang, Gott nicht. Das ist eines der wesentlichen Merkmale, die uns von Gott unterscheiden. Wir sind zeitlich. Gott ist ewig. Das ist der Fachausdruck: EWIG. Während wir uns in festgelegten Dimensionen bewegen, existiert Gott außerhalb dessen, was wir erfassen können; er ist multidimensional.[1]

»Schaut, Jannik und Tobi, wir feiern einmal im Jahr Geburtstag – ich zum Beispiel im April. Gott hat keinen Geburtstag. Darum können wir ihn, den Ewigen, jeden Tag feiern.«

Und das mit gutem Grund: Gott ist mächtig, intelligent, kreativ mit ausgeprägtem Schönheitsempfinden. Das hat er bewiesen, als er die Welt gemacht hat: Raum und Zeit, Frühling, Sommer, Herbst und Winter, alle

Farben, alle Düfte, alle Tiere und Pflanzen. Jedes Einzelne und erst recht all das zusammen ergibt ein unübertroffen großartiges Meisterwerk. Und die Geschichte, die er seit der Erschaffung der Menschen mit ihnen geschrieben hat, zeigt, dass Gott zudem gut ist.

Gott hat uns gemacht – das ist ihm wunderbar gelungen.

Gott ist für uns da – mit ihm kann unser Leben gelingen.

Gott will ewig mit uns zusammen sein ... weil er alle Voraussetzungen dafür erfüllt hat, können wir in den Himmel gelangen.

Über den letzten der drei Punkte haben Jannik, Tobias und ich uns am folgenden Tag ausführlich unterhalten. Sie haben sich daraufhin entschlossen, den Weg zu gehen, den Gott uns in Jesus Christus eröffnet hat.

Als zeitliches Wesen über den ewigen Gott nachzudenken, kann ziemlich anstrengend sein. Daran sind schon viele gescheite Leute gescheitert. Aber der Schöpfer lässt seine Geschöpfe mit ihren Fragen nicht hängen. Ganz im Gegenteil. Er teilt sich mit – zum einen in seinen Werken und zum anderen in seinem Wort.[2]

Finden wir uns damit ab: Gott hat keinen Anfang. Aber ... er hat etwas angefangen: die Geschichte. *History is his-Story!* Die Weltgeschichte startet mit der Herstellung und Ausstattung eines Planeten namens Erde. Dessen erste Bürger heißen Adam und Eva. Jeder einzelne Sonnenaufgang sowie alle übrigen Ereignisse werfen nun ihre Schatten voraus. Es folgen der sogenannte Sündenfall, dann ein Kriminalfall unter Brüdern, eine verheerende Flut und ein gigantisches Bauvorhaben in Babel. Und nicht zuletzt war da noch die Berufung Abrams als Stammvater des Glaubens und des Volkes Gottes.

Diese Begebenheiten füllen die Seiten in diesem Buch – dunkle Kapitel sind dabei, aber auch erhellende; traurige Seiten, aber auch grüne Blätter – olivgrüne. Das Blatt im Schnabel der Taube, mit der Noah nach der Sintflut »experimentierte«, ist ein eindrucksvolles Symbol für einen neuen Anfang. (Neu)Anfänge, dieses Thema zieht sich wie ein ... grüner, hoffnungsvoller Faden von Abschnitt zu Abschnitt.

Der Philosoph Søren Kierkegaard sagte einmal: »Verstehen kann man das Leben rückwärts, aber leben muss man es vorwärts.«[3] Das erste Buch Mose Kapitel 1–12 lässt uns rückblickend verstehen, woher wir kommen und wer wir sind. Mit dem Buch »Olivengrün im Schnabel« wollen wir Konsequenzen für uns daraus ziehen. Wir wollen vorwärts schauen und unser Leben leben – und zwar möglichst so, wie unser Schöpfer es sich von Anfang an – oder: von Ewigkeit her – gedacht hat.

Übrigens: Ich hoffe, es stört dich nicht, wenn ich dich duze. Schließlich sind wir ja irgendwie verwandt – als Nachkommen von Adam und Eva.

Kapitel 1

Ohne Schöpfer bald erschöpft

Gott bereitet die Welt
1. Mose 1,1-25; 2,1-4

Manche Eltern und Großeltern übertreiben, wenn sie von früher erzählen. Sie berichten dann über ihre eigene ach so harte Jugend – wie schwer sie es hatten auf dem 25 Kilometer langen Fußmarsch zur Schule. Den Hinweg mussten sie bergauf latschen, den Rückweg ebenfalls bergauf. Das alles barfuß in ganzjährigen Schneestürmen, die jüngeren Geschwister trugen sie huckepack zu dem einräumigen Schulgebäude. Und immer hatten sie ein glattes Einser-Zeugnis gehabt trotz ihres Vollzeitjobs nach der Schule in der Fabrik für 35 Pfennig die Stunde, um die Familie vor dem Hungertod zu bewahren.

Ach ja, früher! Je älter man wird, desto mehr erzählt man von »damals«. Dabei wird manches schöner dargestellt, als es wirklich war, und anderes dramatischer.

Woher und wohin?

Wie auch immer solche Erzählungen ausfallen, fest steht: Die persönliche Geschichte prägt einen. Jeder Mensch – ob alt oder jung – hat Erinnerungen. Und nicht nur das: Jeder Mensch hat auch Erwartungen. Die Erinnerungen liegen in der grauen bis goldenen Vergangenheit begründet und die Erwartungen in der Zukunft. Und beide – Vergangenheit und Zukunft – wirken sich auf mein Hier und Heute, also auf meine ganz eigene Gegenwart aus.[4] Zum Beispiel wirkt sich die Erinnerung an meine Erziehung auf mein Benehmen aus. Oder die Erinnerung an den Schulunterricht wirkt sich auf meine Bildung aus und so weiter.

Aber was ist, wenn einer keine Erinnerung mehr hat? Stell dir einmal vor: Jemand hat sein Gedächtnis verloren. Er hat eine Amnesie, wie man das medizinisch nennt. Dieser Mensch hat seine Vergangenheit schlichtweg vergessen. Er weiß nicht mehr, wer seine Eltern sind oder wo er zur Schule gegangen ist. Eine ziemlich verfahrene Situation. Das ist Stoff, aus dem Filme gemacht werden. Kannst du dich in so jemanden hineinversetzen? Er bestürmt seine Mitmenschen: »Kennst du mich? Haben wir irgendwann einmal Zeit miteinander verbracht?« Verzweifelt versucht er herauszufinden, wer er denn eigentlich ist. Von unserer Herkunft ist immerhin unsere Identität abhängig.

Auf meinen Reisen als Evangelist lerne ich viele Menschen kennen. Etliche von ihnen wissen nicht mehr, dass sie letztendlich von Gott abstammen – oder sie leugnen es. Damit haben viele sozusagen ihre Vergangenheit vergessen. Ein wesentlicher Teil ihrer Geschichte ist wie ausgelöscht. Es wundert mich überhaupt nicht, dass massenhaft Leute um uns her so ruhe- und ergebnislos auf der Suche nach dem Sinn in ihrem Leben sind. Wer Gott außer Acht und einen guten Mann sein lässt, kann die Sinnfrage nicht befriedigend beantworten.

Nicht, dass der moderne Mensch keinen Überblick hätte. Wir wissen eine Menge. In unserer Welt der Medien fehlt es uns weder an Meldungen noch an Meinungen. Was der Soziologe Neil Postman allerdings fordert, sind nicht noch mehr Informationen, sondern vielmehr Erzählungen. Warum brauchen wir die? Nun, Berichte aus vergangenen Tagen helfen uns, die Dinge zu verstehen und Informationen überhaupt erst einmal richtig einordnen zu können.[5] Peter Hahne führt Postmans Einsicht weiter aus:

»Wie zur Zeit des Alten Testamentes, in der eine Generation der anderen weitergab, was im Leben wirklich wichtig ist, brauchen wir Erzählungen. Damit meint Postman ›eine Geschichte über die Geschichte der Menschheit, die der Vergangenheit Bedeutung zuschreibt, die Gegenwart erklärt und für die Zukunft Orientierung liefert.‹«[6]

Erinnerungen sind also eminent wichtig; unsere Herkunft entscheidet über unsere Identität. Und das Nächste: Erwartungen sind ebenso wichtig. Erwartungen treiben an und manchen sogar die Sehnsuchtstränen in die Augen. Wer sich etwas vorgenommen hat, wovon er überzeugt ist, der wendet eine erstaunliche Energie auf, um dieses Ziel auch zu erreichen. Hat jemand andererseits keine Erwartungen an seine Zukunft mehr – auch über den Tod hinaus –, dann fehlt ihm der Motor, der Antrieb im Leben.

Und was ist, wenn es keine *jenseitige* Zukunft geben sollte? Was, wenn der Richterstuhl Gottes leer ist? Dann gibt es nur das Diesseits, das Hier und Jetzt; und dann ist es egal, wie wir uns verhalten. Dann hast du niemanden mehr über dir. Dann kann man sich verhalten wie Kim-Jong in Nordkorea, wie Saddam im Irak, wie Adolf in Deutschland, für die ein Menschenleben Dreck wert war und die meinten, sich vor niemandem rechtfertigen zu müssen. Welchen Sinn macht Moral, wenn es Gott nicht gibt?[7]

Wir halten fest: Deine Erinnerungen und deine Erwartungen wirken sich auf deine Gegenwart aus.

Die ersten Sätze der Bibel verraten uns etwas über unsere Herkunft: *»Im Anfang schuf Gott Himmel und Erde. Die Erde war formlos und leer. Finsternis lag über der Tiefe ... Dann sprach Gott: Lasst uns Menschen machen ...«* (1. Mose 1,1-2 und 26).

Wer ist eigentlich dieser Mose, dem jener Bericht zugeschrieben wird? Mose war so etwas wie ein Reiseführer für das Volk Israel. Gott hatte ihn dazu bestimmt, sein auserwähltes Volk, die Israeliten, aus der Sklaverei in die Freiheit zu führen. Er war ein Anführer im besten Sinne: »*Doch Mose führte es* (das Volk) *aus dem Lager heraus, Gott entgegen*« (2. Mose 19,17). Hier wird das Kennzeichen eines wahren geistlichen Leiters beschrieben. Er ruft die Menschen nicht zu sich selbst, wie so mancher Sektenführer, sondern zu Gott.

Dieser Mose stellt durch seinen Bericht klar: »Israel, du *hast* eine Vergangenheit. Gott hat euch erschaffen[8]; er hat euch außerdem als ›sein Volk‹ erwählt. Vergesst nicht, woher ihr kommt! Soweit die Erinnerung. Und – was die Zukunft betrifft – er wird euch auch versorgen! Dieser Gott hat auf lange Sicht etwas mit euch vor.«

Mose hat aber auch einen Gegner: den Pharao, den King, den Fürsten der Welt – auch einer, der meint, niemanden über sich zu haben. Er sagt: »Das stimmt nicht! Denk doch mal wissenschaftlich! Du hast keine Vergangenheit. Und wenn du eine hast, dann war dein Vater ein Affe und dein Opa eine Alge.« So etwas redet der »Pharao« den Leuten bis heute ein.[9] Danach gilt es als unsinnig von »Sinn« und als unwissenschaftlich von »Schöpfung« zu reden. Bereits Schulkindern wird beigebracht, dass wir zufällig aus schleimigen Algenablagerungen entstanden seien. Die Konsequenzen daraus bewertet der amerikanische Autor Ken Davis so:

»Der Mensch ist das Produkt von Ursachen, die nicht das Ziel voraussehen konnten, das sie bewirkten ... Sein Ursprung, seine Entwicklung, seine Hoffnungen, seine Ängste, seine Gefühle und Überzeugungen sind nichts als das Ergebnis zufälliger Anhäufungen von Atomen[10] ... und der gesamte

Tempel der menschlichen Leistungen muss notwendigerweise unter dem Schutt eines zerstörten Universums untergehen ...«[11]

Deprimierend, oder? Der Gegenspieler Gottes versucht, dir und mir unsere Vergangenheit auszureden. Und gleichzeitig versucht er, uns ebenso unsere Zukunft zu nehmen. »Eine Zukunft –«, fragt er, »außerhalb von Ägypten? Das ist ja lächerlich! Leiste etwas hier in Ägypten! Was zählt, ist, was du zustande bringst, was du verdienst; was zählt, ist, dass es dir gut geht. Mach gefälligst was draus!«

An dieser Stelle wird eine grundlegende Entscheidung von dir verlangt: Vertraust du Mose oder dem Pharao? Dabei geht es natürlich nicht um diese beiden Menschen. Die Frage ist vielmehr die: Vertraust du Gott oder dem »Fürsten dieser Welt«, wie der Gegner Gottes an verschiedenen Stellen im Johannesevangelium bezeichnet wird?

Schöpfung oder Zufall?

Der erste Satz der Bibel klingt durchaus wie der Beginn von einem Tatsachenbericht: *»Im Anfang schuf Gott Himmel und Erde«* (1. Mose 1,1). Es steht dir natürlich zu, daran zu zweifeln, dass dies eine Tatsache ist. »Das müsste man erst mal beweisen!«, sagst du. Nun, es gibt Dinge, die man nicht beweisen kann. Dabei handelt es sich um Phänomene, die außerhalb dessen liegen, was wir mit unseren fünf Sinnen erfassen können. Manchmal muss man einfach etwas voraussetzen, um zu einem Ergebnis zu kommen.

Lass mich ein Beispiel gebrauchen. Ich löse gerne Sudoku-Rätsel. Es gibt welche für »Einsteiger« – die sind leicht. Es gibt welche für »Geübte«, für »Könner« und für »Meister«. Bei denen für »Könner« und »Meister« kommst du oft an einer bestimmen Stelle nicht weiter. Es gibt dann Felder, in die man zwei Zahlen einfügen kann, sagen wir: entweder die Drei oder die Acht. Ich habe für so einen Fall eine schlaue Strategie entwickelt. Die geht so, dass ich an so einem Punkt den Kuli zur Seite lege und stattdessen einen Bleistift benutze. Von den beiden Möglichkeiten nehme ich eine an, und zwar ... die Acht. Dann ergibt wieder eines das andere; dabei verwende ich weiterhin den Bleistift. Irgendwann merke ich, ob die Annahme richtig oder falsch war (die Chancen standen fifty, fifty). War sie falsch, dann brauche ich mit Kuli nur die andere Möglichkeit – also die Drei – an der Stelle, wo ich zuvor die Grundannahme Acht eingetragen hatte, hinzuschreiben. So werde ich garantiert zum richtigen Ergebnis kommen.

Was ich damit sagen will (abgesehen von dem genialen Tipp für dein Alltagsleben): Manchmal muss man von Annahmen ausgehen, sonst kommt man nicht weit(er)! Bestimmte Grundannahmen oder Voraussetzungen[12], auf die sich jedes Weltbild stützt, sind nicht beweisbar. Erst im Ergebnis lässt sich sagen, ob so eine Annahme tragfähig ist oder nicht. Auch wenn du dir nicht sicher sein solltest – gehen wir doch in der Zeit, in der du dieses Buch liest, einmal davon aus, es sei wahr, was in der Bibel steht. Ich kann mir gut vorstellen, dass du am Ende des Buches im Stande bist zu erkennen, ob du der Botschaft der Bibel vertrauen kannst.

Meine Voraussetzung ist, dass es Gott gibt. Gleichzeitig bin ich davon überzeugt – wen wundert es –, dass die andere mögliche Voraussetzung – nämlich die, dass es Gott *nicht* gibt – die falsche Spur ist. Wer Gott leugnet, gehört global gesehen, übrigens einer Minderheit an.

Die meisten sagen: »Es gibt Gott.« Das sind die so genannten *Theisten*.[13]

Einige sagen: »Kein Gott!« Das sind die *Atheisten*.

Und einige sagen: »Keine Ahnung!« Das sind die *Agnostiker*.

Gott liefert uns zwar keine *Be*weise für seine Existenz, aber dafür eine Menge *Hin*weise; und die nicht zuletzt in der Schöpfung. Darum haben die meisten Menschen, sofern sie nicht gerade Atheisten sind, wenig Probleme damit, Gott irgendwie als Urheber des Lebens anzuerkennen. Dass auf Gott – wenn es ihn gibt – alles zurückzuführen ist, trauen viele ihm immerhin zu.

Nun verpulvern wir unnötigerweise in der Schöpfungsdiskussion oft eine Menge Energie. Natürlich ist es spannend, sich mit dem auseinanderzusetzen, was Schöpfungswissenschaftler herausgefunden haben – und für unwichtig halte ich deren Theorien bestimmt nicht. Im Gegenteil.[14] Nur redet man sich leider oft dabei die Köpfe so heiß, dass man vor lauter Rauchentwicklung die entscheidenden Fragen nicht mehr sieht. Ich teile darum die Auffassung von Chris Mitchell, amerikanischer Pastor und Buchautor:

> »Nur zu leicht verheddern wir uns, wenn die Rede auf die Schöpfung kommt, in endlose Diskussionen darüber, *wie* und *wann* genau Gott die Menschen erschaffen hat. Für mich ist das ein Nebenkriegsschauplatz, der nur von der viel wichtigeren Frage ablenkt, *warum* Gott uns erschaffen hat!«[15]

Die Beantwortung des *Warum* ist beim Nachdenken über unsere Existenz tausendmal wichtiger als die des *Wie*. Wenn ich nur verstanden habe, *wie* mein Auto produziert wurde und *wie* es funktioniert, nicht aber verstanden habe, *warum* ich mein Auto brauche, werde ich ein unzufriedener Besitzer eines PKW sein, der sich aufs Autowaschen beschränkt und vielleicht ab und zu den Reifendruck kontrolliert. Mein Auto »... hat eine stark verbesserte Agilität. Sie profitiert vor allem von der Leichtgängigkeit der Parameterlenkung mit elektrischer Servounterstützung, deren Bedienkraft stark variiert und die so bei höheren Geschwindigkeiten ausreichend verhärtet.« Glaube nicht, dass ich kapiert habe, was da in der Betriebsanleitung in meinem Handschuhfach steht. Ich bin aber, auch ohne das zu verstehen, im buchstäblichen Sinne bisher gut gefahren.

Zu den Fragen, woher ich komme, wohin ich gehe und warum oder wozu ich überhaupt da bin, kann die Wissenschaft wenig sagen. Naturwissenschaftler behaupten normalerweise, der Mensch sei zufällig entstanden. Die Bibel sagt: Der Mensch ist gewollt und geliebt.

Das Warum der Entstehung des Lebens ist die Hauptsache, das Wie dagegen ist Nebensache.[16] Die Haupt-Ursache von allem ist der Schöpfer. Die Neben-Ursachen sind die Naturgesetze. Die Haupt-Ursache kann man nicht erforschen – zumindest nicht im Labor. Aber bei der Untersuchung der Naturgesetze, war man so erfolgreich, dass man die Haupt-Ursache, nämlich Gott, einfach beiseite gelassen hat.

Der Berliner Pfarrer Alexander Garth schreibt in seinem Buch *Warum ich kein Atheist bin*:

»Wenn man den Menschen auf sein biologisches Sein reduziert, verliert er seine Würde und wird in der Tat zum ›Hirnvieh‹, zu einem biologischen Apparat komplizierter bioelektrischer und biochemischer Prozesse. Zufall klingt wie Abfall. Wer zufällig entstanden ist, kann auch zufällig wieder verschwinden.«[17]

Garth kommt dann auf unsere Würde zu sprechen. Er macht darauf aufmerksam, dass uns die unantastbare Menschenwürde, von der unser Grundgesetz redet, von Gott gegeben ist. Die Würde des Menschen ohne Gott ist *antastbar* – nicht unantastbar. Überleg mal: Zwar behauptet der französische Philosoph Jean-Paul Sartre: »Wenn es Gott gibt, dann ist der Mensch ein Nichts.« Aber stimmt das? Eigentlich ist genau das Gegenteil wahr: Wenn es Gott *nicht* gibt, dann ist der Mensch ein

Nichts – das Resultat eines kalten, sinnlosen Zufalls, ohne Ziel, ohne Bestimmung, ohne Würde.[18] Wer sinn- und würdevoll leben und sterben will, kommt an Gott einfach nicht vorbei.

Die Schöpfungstage

Nachdem wir bis hierher erst einmal ein paar grundsätz- liche Überlegungen angestellt haben, sehen wir uns das erste Kapitel der Bibel nun mal etwas näher an.

Menschen erfinden ja manches Unnötige. Ich habe einmal einen Eierschalensollbruchstellenverursacher geschenkt bekommen. Eigentlich Quatsch! So etwas braucht man nicht unbedingt. Ganz anders als das, was Gott erfunden hat. Seine Erfindungen sind geradezu lebensnotwendig für uns.

Erster Tag:
Gott macht das Licht

»Da sprach Gott: ›Es werde Licht!‹ Und das Licht entstand. Gott sah es an: Es war gut. Da trennte Gott das Licht von der Finsternis. Das Licht nannte er ›Tag‹ und die Finsternis ›Nacht‹. Es wurde Abend und wieder Morgen – ein Tag« (1. Mose 1,3-5).

Zuallererst macht Gott das Licht an. Gott *ist* Licht (1. Johannes 1,5). Er, der Heilige und Reine, wendet sich dem Planeten Erde zu. Welch großer Moment!

Den in Österreich geborenen Komponisten Joseph Haydn (1732-1809) nennt man den »Vater« der klassischen Sinfonie und des Streichquartetts. Zu Haydns bedeutendsten Werken zählt das Oratorium »Die Schöpfung«. Er setzt hier musikalisch exzellent und höchst dramatisch den Bibeltext aus Erste Mose Kapitel 1 um. Das Orchester leitet den ersten Teil mit der »Vorstellung des Chaos« vor der Schöpfung ein.

Es folgt ein getragenes Solo: *»Im Anfange schuf Gott ... Himmel und Erde ... Und die Erde war ohne Form und leer ... und Finsternis war auf der Fläche der Tiefe.«*

Dann setzt verhalten der Chor ein: *»Und der Geist Gottes schwebte auf der Fläche der Wasser.«* Kurze Stille.

Wieder der Chor: *»Und Gott sprach ...«*

Sanftes Echo.

»Es werde Licht!«

Kleine Pause und leises Zupfen einer Violine.

»Und es ward ...«

Plötzlich fallen aus heiterem Himmel der Chor und das Orchester mit sämtlichen zur Verfügung stehenden Instrumenten auf einmal ein in ein überwältigendes, geradezu strahlend helles: *»Liiiiicht!«*

Das muss man gehört haben! Wer nicht darauf vorbereitet ist, fällt vom Stuhl. Herzkranke sollte man vorwarnen. Es ist unbeschreiblich. Damit hat Haydn einmalig inszeniert, was passiert, wenn Gott sich der Welt oder aber auch einem einzelnen Menschen zuwendet. Gott macht unsere Dunkelheit hell.

Dieses Ereignis ist mehr als nur der Auftakt zur Schöpfung. Die Tatsache, dass Gott Licht ist, ist für uns als Menschen generell bedeutsam. Ich greife einmal ein gutes Stück vor. Seitdem der Gegner Gottes die Menschen erfolgreich davon überzeugt hat, dass sie Gott nicht brauchen (wir gehen im dritten Kapitel näher darauf ein), ist es im übertragenen Sinne wieder dunkel in der Welt geworden. Mancherorts sogar stockdunkel. Weil wir Menschen Gott, das Licht, abgelehnt haben, brauchen wir uns über die Nacht um uns her nicht zu wundern; die Nacht, in der Kinder wimmern, Menschen sterben und die Grausamkeit überhand nimmt. Der frühere Essener Jugendpfarrer und Evangelist Wilhelm Busch schrieb seinerzeit in einem Andachtsbuch:

> »Wo könnte es wohl finsterer sein als in Menschenherzen, die fern von Gott und seinem Heil sind! Solche Dunkelheit ist nicht nur da und dort. Sie ist überall in der Welt. Hinter all ihrem Prunk, ihrer Pracht, ihrem Rühmen und ihrer Herrlichkeit ist diese abgrundtiefe Dunkelheit in den Herzen.«[19]

Wegen dieses Zustandes hat Gott erneut gesprochen – und zwar in Jesus Christus: »*Im Anfang war das Wort. Das Wort war bei Gott ...*« Damit ist Jesus gemeint. »*In ihm war Leben und dieses Leben war Licht für die Menschen ...*« (Johannes 1,1 und 4). Wie die Sonne, die nach langen trüben Tagen wieder scheint, so trat Jesus in Erscheinung. Er sagt: »*Ich bin das Licht der Welt!*«

(Johannes 8,12). Er kam, damit wir wieder klar sehen und wieder froh werden können.

Da, wo bisher Chaos in deinem Leben herrschte, weil du versucht hast, deine Angelegenheiten selbst zu regeln, soll es hell werden.

Da, wo bisher bei dir heimliche Machenschaften abliefen, weil du dich deiner Gedanken, Worte und Taten schämen musstest, soll es hell werden.

Da, wo sich dir bisher der Sinn des Lebens nicht erschlossen hat, weil du nie mit Gott gerechnet hast, soll es hell werden.

Dann, wenn Jesus dir deine Schuld vergeben hat, beginnt dein Leben neu. Dann kannst du jubeln: »Es ward Liiiiicht!« (Am besten klingt es übrigens in C-Dur!)

»Gott sah es an: Es war gut. Da trennte Gott das Licht von der Finsternis. Das Licht nannte er ›Tag‹ und die Finsternis ›Nacht‹. Es wurde Abend und wieder Morgen – ein Tag« (1. Mose 1,4-5).

Um die Helligkeit von der Dunkelheit zu unterscheiden, nennt Gott das eine »Tag«, das andere »Nacht«. Er rahmt sie wunderschön ein – mit zwei Dämmerungen, mit Abend und Morgen.

Ist dir aufgefallen: *Gott* benennt Tag und Nacht, nicht Adam. Auch nicht S*adam* oder sonst jemand. Gott bestimmt, was Licht und was Dunkel ist; er bestimmt, was gut und böse, was richtig und falsch ist – nicht wir. Der Prophet Jesaja schreibt: »*Weh denen, die Böses gut*

und Gutes böse nennen, die Finsternis zum Licht er-
klären und Licht zur Finsternis, die Bitteres süß und
Süßes bitter machen« (Jesaja 5,20).

Wehe denen, die betrügen »schummeln« nennen.

Wehe denen, die stehlen »organisieren« nennen.

Wehe denen, die lügen »Ausreden« nennen.

Wehe denen, die außerehelichen Geschlechtsverkehr
ein »prickelndes Abenteuer« nennen.

Und wehe denen, die Gottes Lebensregeln als über-
holt bezeichnen.

Der wunderschöne Psalm 19 von David ist eine
Hymne auf den Schöpfer: *»Der Himmel rühmt die*
Herrlichkeit Gottes, und seine Wölbung bezeugt des
Schöpfers Hand ...« (Psalm 19,2). Und wen oder was
preist David in der folgenden Strophe? Die Herrlich-
keiten sämtlicher Geschöpfe? Nein, sondern die größere
Herrlichkeit des Gesetzes, des Wortes Gottes:

»Das Gesetz Jahwes ist vollkommen; es gibt der Seele
neue Kraft. Das Zeugnis Jahwes ist verlässlich; es
macht den Einfältigen klug. Die Befehle Jahwes sind
richtig; sie erfreuen das Herz. Das Gebot Jahwes ist
ganz rein; es schenkt einen klaren Blick ... Die Be-
stimmungen Jahwes sind wahr, und sie sind alle ge-
recht und wertvoller als das reinste Gold und süßer als
der beste Honig. Auch dein Diener ist durch sie ge-
warnt; und jeder, der sie befolgt, wird reich belohnt«
(Psalm 19,8-12).

Zweiter und dritter Tag:
Gott macht das Firmament, das Land und die Pflanzen

»Dann sprach Gott: ›Im Wasser soll eine Wölbung entstehen, eine Trennung zwischen den Wassermassen!‹ ... (zweiter Tag). Dann sprach Gott: ›Die Wassermassen unter dem Himmel sollen sich an einer Stelle sammeln. Das Land soll zum Vorschein kommen.‹ So geschah es ... Da sprach Gott: ›Die Erde lasse Gras hervorsprießen. Pflanzen und Bäume jeder Art sollen wachsen und Samen und samenhaltige Früchte tragen.‹ So geschah es (dritter Tag)« (1. Mose 1,6, 9 und 11).

Begonnen hat Gott damit, erst einmal drei spezielle »Räume« zu schaffen: die Ausdehnung des Himmels, die Meere und das Land. Während der nächsten drei Schöpfungstage füllt er diese Räume.

Das erste Leben – die Pflanzen – ist schön, und es ist nützlich. Kannst du staunen über die verschiedenen Farben und Größen von blühenden und verschiedengrünen Gewächsen: die Formen, Gerüche und Geschmäcker?

Der in Indien geborene Religionswissenschaftler Ravi Zacharias hat unter anderem das Buch geschrieben *Kann man ohne Gott leben?*. Darin erzählt er aus seiner alten Heimat die Geschichte eines Mannes, der unter einem Baum voller reifer Nüsse stand.

»Er schaute hinauf in den Baum und sagte spöttisch zu Gott: ›Irgendwie glaube ich, du bist nicht be-

sonders schlau. Du hast einen riesigen Baum gemacht, der kleine Nüsse trägt, und eine kleine Pflan-
ze, die sich mit schweren Wassermelonen abschlep-
pen muss. Großer Baum, kleine Nüsse; kleine Pflan-
ze, große Melonen. Dein Sinn für Verhältnismäßig-
keit scheint nicht besonders gut ausgeprägt zu sein.‹

In diesem Moment fiel eine kleine Nuss von dem
Baum herab und traf ihn am Kopf. Er stutzte und
murmelte: ›Gut, dass das keine Wassermelone
war.‹«[20]

Ich will mich nicht über unsere Klugheit und Bildung
lustig machen, wenn ich so eine Geschichte wiederge-
be. So ein Beispiel soll nur die Luft aus dem überstei-
gerten Stolz lassen, mit dem wir meinen, allwissend zu
sein, und mit dem wir nur zu leicht arrogant werden. In
Gegenwart eines allwissenden und -weisen Gottes steht
uns etwas Bescheidenheit immer recht gut.

Vierter bis sechster Tag:
Gott macht die Himmelskörper,
die Tiere und den Menschen

Vom vierten bis sechsten Tag setzt Gott das Füllen der
»Räume« fort (1. Mose 1,14-25). Genauer gesagt, er
macht am vierten Tag die Sonne, den Mond und nicht
zuletzt die Sterne. Die vielen kleinen und klitzeklein-
sten Lichter am Himmel kommen der Schifffahrt, den
Kalendermachern, den Astronomen und -nauten zugute.
Am fünften Tag lässt Gott Fische ins Meer tauchen und

Vögel zum Himmel aufsteigen. Am sechsten Tag macht er die Landtiere und schließlich den Menschen.

Es muss einfach gigantisch gewesen sein, am siebten Tag die Sonne aufgehen zu sehen und zu bewundern, wie das Leben pulsiert im Wasser, auf dem Land und in der Luft und wie alles perfekt ineinandergreift. Damals war alles noch völlig unbeschädigt. Es war einfach »*sehr gut*« (1. Mose 1,31), heißt es.

Der Tag sechs und das, was den Menschen wesentlich von den Tieren unterscheidet, beschäftigt uns im nächsten Kapitel.

Was Gott gemacht hat, ist lebensnotwendig für uns: das Licht, die Luft, die Lebensmittel. Wir sind und bleiben darauf angewiesen. Schau:

Wie lange kannst du leben, ohne zu essen? – Vielleicht 40 Tage. Nicht länger.

Wie lange kannst du leben, ohne zu trinken? – Etwa drei Tage.

Wie lange kannst du leben, ohne zu atmen? – Ein paar Minuten.

Wie lange, meinst du, kannst du leben ohne Gott?[21]

Du bist nicht unabhängig. Du genügst dir nicht selbst.

Was macht das Leben aus?

Bist du ein nachdenklicher Mensch? Beschäftigen dich die Fragen »Woher komme ich?« und »Wohin gehe ich?«. Oder gehörst du eher zu denen, die sich bloß fragen: »Wohin geh ich, und welche Schuhe ziehe ich dazu an?« Nun, für mich jedenfalls ist die Sache klar:

Woher komme ich? – Von Gott!

Wohin gehe ich? – Zu Gott!

Warum lebe ich? – Wegen Gott!

Er, der Allmächtige, hat uns einen herrlichen Lebensraum bereitet – atemberaubend schön. Die Schöpfung lässt den Urlauber erholen, den Wissenschaftler staunen und den Poeten jubilieren. Allerdings ist das Entscheidende nicht der Raum; das Entscheidende ist nicht die Welt. Das noch viel Wichtigere ist das Leben darin.

Der Theologe Helmut Thielicke hat ein Buch über das Vaterunser geschrieben. Darin sagt er, dass es oft gerade die Schöpfung ist, die schnell vom Eigentlichen ablenkt. Ein paar Münzen oder Hornochsen ziehen uns in ihren Bann:

> »So hat die Liebe zu 30 lächerlichen Silberlingen oder das Beschäftigtsein mit fünf Joch neu gekaufter Ochsen (Lukas 14,19) oder der Appetit auf ein Linsengericht (1. Mose 25,34), mit dem in der Stunde der Erschöpfung und des Hungers so leicht nichts konkurrieren konnte, so haben alle diese Kleinigkeiten je um je Menschen um ihre Ewigkeit und um allen Segen gebracht.«[22]

Gott will Räume füllen – nicht mit Linsen oder Lottogewinnen, sondern mit Licht und mit Leben. Und das nicht nur am Anfang der Zeit, sondern Gott *er*füllt auch heute. Er will dir und mir wahre Erfüllung schenken. In seinem Sohn Jesus Christus will er sein göttliches Leben in uns zur Entfaltung bringen. Darauf kommt es an. So wie Paulus, der Apostel, sagt: *»Christus lebt in mir«* (Galater 2,20).

Die Schöpfung ohne den Schöpfer bringt es nicht. Jesus sagt: *»Denn was hat ein Mensch davon, wenn er die ganze Welt gewinnt, dabei aber das Leben einbüßt?«* (Matthäus 16,26). Wenn du die Welt gewinnst; wenn du Erfolg hast und dir Ansehen erwirbst; wenn dir der Reichtum der ganzen Welt gehörte: alles Geld, alle Diamanten, alle Ölquellen, aber wenn du nicht auf Gott vertraust, dann hast du ein Verlustgeschäft gemacht. Verlass dich nicht allein auf all diese materiellen Sachen, die dir zwischen den Finger zerrinnen. Ohne den *Schöpfer* bist du bald erschöpft.

Kapitel 2

Gottes geniale Idee

Die Erschaffung des Menschen
1. Mose 1,26-31; 2,5-25

Ein katholischer Priester, ein evangelischer Theologe und ein jüdischer Rabbiner sitzen beisammen. Man diskutiert über das Leben. Der Katholik ist überzeugt: »Das Leben beginnt bei der Zeugung. Sobald das Ei befruchtet ist, spricht man von Leben.«

Der evangelische Vertreter erwidert: »Na, das scheint mir wohl doch zu früh. Ich sehe den Beginn des Lebens zwar auch *bevor* das Kind den Mutterleib verlässt, aber keinesfalls vor der 12. Woche.«

Sie fangen an zu streiten – immer lauter. Schließlich fragen sie den Rabbi, der unbeteiligt daneben sitzt, wann denn nach seiner Auffassung das Leben beginne. Der Rabbi: »Das Leben beginnt, wenn die Kinder aus dem Haus sind ...«

Der Mann spricht wohl aus Erfahrung. Ich muss an

Tommy aus meiner früheren Gemeinde denken. Er war zum ersten Mal Vater geworden. Nach dem Gottesdienst gratulierten ihm alle zu seiner neu geborenen Tochter Tamarah. Er sagte halb spaßig, halb im Ernst voraus: »Wenn sie 18 ist, zieht sie aus!« Das hat er sicher nicht ganz ernst gemeint. Aber klar – man weiß nie, wie sich die »Plagen« entwickeln.

Ganz anders ist Gott. *Er* wusste, wie wir uns entwickeln, und trotzdem entschied er sich für uns ...

Die »Krone« der Schöpfung

»Dann sprach Gott: ›Lasst uns Menschen machen als Abbild von uns, uns ähnlich. Sie sollen über die Fische im Meer herrschen, über die Vögel am Himmel und über die Landtiere, über die ganze Erde und alles, was auf ihr kriecht!‹ Da schuf Gott den Menschen nach seinem Bild, als sein Ebenbild schuf er ihn. Er schuf sie als Mann und Frau. Und Gott segnete sie: ›Seid fruchtbar und vermehrt euch! Füllt die Erde und macht sie euch untertan! Herrscht über die Fische im Meer, über die Vögel am Himmel und über alle Tiere, die auf der Erde leben!‹« (1. Mose 1,26-28).

Es ist Freitag, der Sechste. Gott berät sich mit sich selbst: *»Lasst uns Menschen machen«*, also ein Wesen, das sich bewegt, das alle möglichen Informationen in erstaunlich kurzer Zeit verarbeitet und das in der Lage ist, umfassend zu kommunizieren. Die Seh- und Hör-

31

fähigkeit sollte dem neusten Stand der Technik entsprechen.[23]

Es ist offensichtlich, dass der Mensch in der Schöpfung eine herausragende Stellung einnimmt. Menschen sind keineswegs »die Lümmel aus der letzten Reihe der Evolution«, wie der Chemiker Hans-Jürgen Quadbeck-Seeger meinte. Im Gegenteil: Der Mensch scheint der Grund dafür zu sein, warum der allmächtige Gott nicht alles auf einmal erschuf. Mag sein, dass das auf den ersten Blick für uns gewisse Vorteile gehabt hätte. Denn wenn Gott an einem Tag die Welt erschaffen und sechs Tage geruht hätte, dann bestünde unsere Woche heute aus einem Arbeitstag und sechs Tagen Wochenende! Herrlich! (Allerdings würde uns das auf die Dauer garantiert nicht zufrieden stellen.)

Obwohl Gott selbstverständlich in der Lage gewesen wäre, die ganze Welt mit allem Drum und Dran auf einmal ins Dasein zu rufen, tat er es in einzelnen Schritten. Der Grund ist, dass sein Werk auf einen Gipfel hinausläuft: den Menschen! Dieses Wesen wird von Gott aus allen anderen Dingen der Schöpfung hervorgehoben. Der Mensch ist wichtiger als das Meer, die Mammutbäume, der Mond oder die Milchstraße.

Wer oder was ist der Mensch? Von dem, was unsere Herkunft betrifft, kann man vier Feststellungen ableiten:

Erstens: Wir wurden von Gott erschaffen.

Zweitens: Wir wurden nach Gottes Bild erschaffen.

Drittens: Wir wurden erschaffen, um über die Erde zu herrschen.

Viertens: Wir wurden als Mann und als Frau erschaffen.

Diese vier Aspekte wollen wir uns näher anschauen:

1. Wir sind von Gott erschaffen

Welches Verhältnis hast du zu deinem Körper? Sicher ist: Du bist wunderbar gemacht. Das, was sich unter deiner Haut befindet, ist ein biologischer Kosmos aus 70 Billionen Zellen[24], die im Zusammenspiel Spektakuläres vollbringen. Dein Herz schlägt je nach Belastung zwischen 70- und 200-mal in der Minute. Es arbeitet wie eine Pumpe. Dabei lässt es das Blut und mit ihm alle für die Versorgung der Körperzellen nötigen Stoffe zirkulieren. Jedes einzelne Teil von dir ist ein Wunder: deine Haut, dein Skelett, deine Lunge ...

Das alles hat Gott sorgfältig geplant und umgesetzt. Aber unser Menschsein beschränkt sich nicht nur auf unser »Material«, den Körper. Der Körper Adams ist vom Erdboden genommen. Den Atem aber, das heißt seinen Geist, den bekam er von Gott: *»Da formte Jahwe, Gott, den Menschen. Er nahm lose Erde vom Ackerboden, und hauchte Lebensatem in sein Gesicht. So wurde der Mensch ein lebendes Wesen«* (1. Mose 2,7).

Als Mensch bist du demnach aus zweierlei zusammengesetzt: einem materiellen Teil, dem Körper, und einem geistlichen Teil, der Geist-Seele. *Körperlich* ähneln wir mehr dem Tier als Gott. Ein Säugetier funktioniert ganz ähnlich wie du. Ein Tierarzt könnte dir, wenn du krank bist, ein paar hilfreiche Tipps geben. Und *geistlich*? Gott hat keinen Körper. Gott ist Geist. Geistlich ähnelt der Mensch nicht dem Tier, sondern Gott. Damit ist der Mensch nicht *nur* Mensch, nicht nur Materie, nicht nur Mechanik. So wunderbar das alles ist, der Mensch ist *mehr* als ein bloßes Lebewesen, das sich bewegt, sich fortpflanzt und dessen Stoffwechsel funktioniert. Was den Unterschied ausmacht, ist unser nicht-körperlicher Teil, die uns eigene Geist-Seele. Sie lässt uns anders sein als alle Zoobewohner.[25] Der bekannte amerikanische Autor Max Lucado erklärt das auf seine ihm eigene Art:

>»Gott rüstete das Kamel mit Höckern aus und die Giraffe mit einem langen Hals. Seinen Atem oder die Seele reservierte er für uns. Wir tragen sein göttliches Siegel. Wir tun Dinge, die Gott tut: Denken. Fragen. Reflektieren. Wir entwerfen Gebäude, erstellen Seekarten und haben einen Kloß im Hals, wenn unsere Kinder ihr erstes Wort sprechen.«[26]

Oft wird gesagt: »Hauptsache gesund«. Gut, wer einmal ernsthaft krank war, weiß Gesundheit besonders zu schätzen. Ganz klar. Trotzdem wird so ein Spruch dem Menschen nicht gerecht. Denn man kann nicht einfach nur einen Teil herausnehmen und zum Ganzen erklären – so als ob der Mensch nur ein Stück Biologie wäre. Ich hörte einmal den Satz: »Hauptsache potent«, das heißt, der Mensch ist das, was er sexuell leistet. Das ist ja in doppelter Hinsicht beschränkt.[27]

Wenn du bedenkst, dass Gott sich wie ein Töpfer daran gemacht hat, den Menschen *in Form zu bringen*, und dass er ihm schließlich seinen Geist eingab, um ihn *in seine Nähe zu bringen*, dann wird klar, dass du Erdenmensch und Gottesmensch bist, einen Erden- und Gottesbezug hast. In dieser »Doppelfunktion« versorgt der Mensch zum einen seinen Körper und er fragt zum anderen nach Gott.

2. Wir sind nach Gottes Bild erschaffen

»Dann sprach Gott: ›Lasst uns Menschen machen als Abbild von uns, uns ähnlich‹ ... Da schuf Gott den Menschen nach seinem Bild, als sein Ebenbild schuf er ihn« (1. Mose 1,26-27).

In seinem Bild erschaffen zu sein, heißt natürlich nicht, dass Gott so aussieht wie wir. Als der Engel Gabriel den frisch erschaffenen Menschen sah, hat er dem Schöpfer gegenüber bestimmt nicht angemerkt: »Das sieht dir ähnlich!« Sondern »Gottesebenbildlichkeit« heißt, dass Gott Adam und seine Nachkommen als sein personenhaftes Gegenüber sucht, als Echo. Der Gott, der die Welt durch sein *Wort* ins Dasein rief, erwartet eine lobende Ant-*Wort* von uns.

Und es bedeutet noch etwas: Als Nach-seinem-Bild-Erschaffene sollen wir Gottes Repräsentanten sein. Pfarrer Siegfried Kettling beschreibt diesen Aspekt und gebraucht dafür einen nachvollziehbaren Vergleich. Er erzählt, wie im Orient zu alten Zeiten der Großkönig über viele Unterreiche herrschte. Da seine Majestät aber nicht überall gleichzeitig erscheinen konnte, musste man sich was einfallen lassen, denn es gab weder Zeitungen noch Fernsehen und schon gar keine Nachrichtenplattformen im Internet.

»Deshalb goss man Standbilder aus Bronze, die in den Hauptstädten der einzelnen Teilreiche aufgestellt wurden, damit die Untertanen wenigstens eine Ahnung bekamen, wie gewaltig der Großkönig war. Das ist auch gemeint, wenn die Bibel davon spricht, dass der Mensch Gottes Ebenbild ist. Gott stellt mich, den Menschen als sein Abbild der Welt gegenüber.«[28]

Das ist ein hoher Adel, aber auch ein hoher Anspruch! Und da stellt sich natürlich die Frage: Bist du ein *Ebenbild* oder eher eine *Karikatur* Gottes? Du solltest ein Spiegel der Eigenschaften Gottes sein: Liebe, Treue, Freundlichkeit – das sollst du ausstrahlen, Menschenskind! Sind das deine Kennzeichen, oder doch eher Egoismus, Streitsucht und Ängstlichkeit? Wenn man sich uns heute so anschaut, dann hat man den Eindruck, als ob Kunstschänder die Bilder Gottes ruiniert hätten. Es gibt ziemlich verunstaltete Manns- und Frauenbilder; es gibt hässliche, kranke und böse Menschen. Die Sünde hat das Abbild Gottes arg beschädigt. *Wir* haben uns daran längst gewöhnt. Über Sünde regt sich kaum noch jemand auf. Gott dagegen konnte sich nie daran gewöhnen. Zu all den Kaputtmachern in der Welt sandte er darum *einen* Heilmacher: seinen Sohn Jesus Christus. Durch den Glauben an Christus können wir wieder an der göttlichen Natur teilhaben.[29] *»... da ihr ja den neuen Menschen angezogen habt, den Gott nach seinem Bild erschuf und der von wirklicher Gerechtigkeit und Heiligkeit bestimmt ist«* (Epheser 4,24). Jesus ist nicht nur Restaurator, sondern Retter, Erneuerer, Heiland. Wer an ihn glaubt, ist ein neuer Mensch: gerecht und heilig, kurz: gottähnlich.

3. Wir sind erschaffen, um über die Erde zu herrschen

»Und Gott segnete sie: ›Seid fruchtbar und vermehrt euch! Füllt die Erde, und macht sie euch untertan! Herrscht über die Fische im Meer, über die Vögel am Himmel und über alle Tiere, die auf der Erde leben!‹«[30] (1. Mose 1,28).

»Der Himmel gehört Jahwe allein, aber die Erde hat er den Menschen gegeben«, heißt es in Psalm 115,16. Unser Planet Erde ist ein großzügiges Geschenk, nicht wahr? Aber es ist gleichzeitig auch ein sehr kostbares und damit eines, mit dem wir verantwortungsbewusst umgehen sollen.

Nachdem Gott Adam erschaffen hat, erhält er gleich eine anspruchsvolle Aufgabe. Gott lässt alle Tiere an ihm vorbeiziehen wie bei einer Parade (nur ohne Musik). Adam soll allen – vom Mammut bis zum Mistkäfer – Namen zuteilen (1. Mose 2,18-20). Was bedeutet das, wenn der Mensch einem Lebewesen sozusagen einen Ausweis ausstellt und ihm bescheinigt: Du heißt ab sofort »Rebhuhn«, du »Eidechse« und du »Kuh«? Im Alten Testament kommt Namensgebung auch an anderen Stellen vor – und zwar im Zusammenhang mit diversen Eroberern. Wenn sich ein Solcher ein Volk unterworfen und ein Land eingenommen hatte, dann ließ er manchmal den ursprünglichen König oder sonst jemanden aus dessen Dynastie an der Regierung, gab ihm aber einen neuen Namen.[31] Auf diese Weise brachte der Eroberer seine Macht dem Besiegten gegenüber zum Ausdruck.[32] Indem Adam die Namen an die Tiere vergibt, vertraut Gott dem Menschen die Vorherrschaft über die Schöpfung an: *»Sie sollen über die Fische im Meer herrschen, über die Vögel am Himmel und über die Landtiere, über die ganze Erde und alles was auf ihr kriecht«* (1. Mose 1,26; ähnlich auch Vers 28).

»Über die Erde herrschen« – das klingt ziemlich rabiat. Hört sich an, als ob die Natur zur Ausbeutung freigegeben würde. Ausbeutung? – Ich habe eine andere Deutung: Friedrich der Große, auch der Alte Fritz genannt, regierte im 18. Jahrhundert von Potsdam aus. Er war der erste Mann im Staat und er war der Erste, der sich selbst »Staatsdiener« nannte. Er sah sich als Herrscher und Diener zugleich. Auch im Herrschen, wie die Bibel es meint, steckt der Aspekt des Versorgens und Schützens – sprich: des Dienens – mit drin. Es geht hier keineswegs um Ausbeutung, sondern um Verantwor-

tung. Wenn wir meinen, sinnlos CO_2 in die Atmosphäre blasen zu können und aus Geldgier seltenen Tieren das Gehirn herausfeuern zu dürfen, muss dann nicht eine ernsthafte Anfrage an das *menschliche* Gehirn gestellt werden? So jedenfalls verhalten wir uns verantwortungslos und haben die längste Zeit von der Schöpfung profitiert. Als Gott Adam in den Garten Eden setzte (nicht etwa auf eine Parkbank), sollte er ihn *bebauen* und *bewahren* (1. Mose 2,15; Elberfelder Übersetzung). »Bebauen« heißt, dass uns die Schöpfung zum Nutzen gegeben ist; wir Menschen profitieren von ihr. Das »Bewahren« gehört aber genauso dazu. Das heißt, dass für jeden von uns Umweltschutz ein Thema sein sollte.

4. Wir sind geschaffen als Mann und Frau

»Da schuf Gott den Menschen nach seinem Bild, als sein Ebenbild schuf er ihn. Er schuf sie als Mann und Frau« (1. Mose 1,27).

Entgegen anders lautenden Meinungen passen Männer und Frauen ganz gut zusammen. Als Mann und Frau hat uns Gott erdacht und gemacht, nicht als Mann und Mann, nicht als Frau und Frau, nicht als Mann und Kind. Als Mann und Frau schuf er sie!
Die Beurteilung nach jedem Schöpfungsakt war: *»Es war gut«*, am siebten Tag sogar *»sehr gut«* (1. Mose 1,31). Das Gesamtwerk der Schöpfung verdient eine glatte Eins. Dann aber *»sprach Gott: Es ist NICHT*

39

GUT, – dass der Mensch allein ist; ich will ihm eine Hilfe machen, die ihm entspricht« (1. Mose 2,18). Alles ist gut, nur eines nicht. Adam fehlt noch ein Gegenüber. Krokodil, Lama und Wellensittich sind nicht seine Wellenlänge. Darum wird Gott nochmals tätig.

»Tiefschlaf, Narkose ... und als Adam wieder zu sich kommt, traut er seinen Augen kaum: ›Wow – eine Frau!‹ Gott ist offensichtlich auch der Erfinder der Überraschung. Adam ist sofort klar: Adam und Eva – das hört sich besser an als Adam und Esel!«[33]

Die Würde der Frau

In unserer modernen Gesellschaft wird viel dafür getan, die Unterschiede zwischen Mann und Frau aufzuheben. Da nehme ich doch gleich mal Stellung zur Gleichstellung.[34] Es ist leider immer so: Wenn sich ein Boot zu weit nach rechts neigt, neigen sich die Insassen sehr weit nach links. So auch beim Thema Emanzipation. In der Menschheitsgeschichte wurde die Frau oft diskriminiert – selbst im Judentum. Dass man heute Benachteiligungen abschaffen will, halte ich für richtig. Aber deshalb sämtliche Unterschiede von Mann und Frau mit abschaffen zu wollen, ist falsch. Der Comedian Olaf Schubert witzelt:

»Es gibt Männerberufe, die für Frauen vom Titel her schon komisch klingen: Schmiedin, Tenörin ... Chefin ... Oder die Kosmonautin war vor 100 Jahren unvorstellbar. Und heute fliegen sie wie selbstverständlich mit hinauf in den Orbit, dass es eine Freude ist. Wobei auch festzustellen ist, dass noch nie ein Raumschiff ausschließlich mit weiblichen Besatzungsmitgliedern hinauf gesandt wurde, was ja auch wiederum logisch ist. Dann wäre das Raumschiff ja unbemannt.«[35]

Spaß beiseite. Es ist mehr als bereichernd, die Unterschiede und damit die Ergänzung von Mann und Frau zu sehen. Der Ehe- und Familienberater Reinhold Ruthe hat ein Buch geschrieben *Duett statt Duell*.[36] Der Titel spricht für sich. Ein Duett ist ein Musikstück, vorgetragen in zwei unterschiedlichen Stimmlagen. Wenn die beiden Sänger es drauf haben, klingt das schön und harmonisch. Ein Duell dagegen ist ein Gefecht, bei dem sich einer gegen den anderen mit Gewalt durchsetzen will. Zu Spannungen zwischen den Geschlechtern kommt es dann, wenn beide auf allen Ebenen miteinander konkurrieren wollen, statt dass der Mann seine Verantwortung in Leitungsaufgaben wahr- und die Frau ihre Rolle dahinter einnimmt. *»... indem ihr euch in der Ehrfurcht vor Christus einander unterordnet. Ihr Frauen unterstellt euch euren Männern, so wie ihr euch dem Herrn unterstellt. Denn so wie Christus das Oberhaupt der Gemeinde ist ... so ist der Mann das Oberhaupt der Frau ... Ihr Männer liebt eure Frauen, und zwar so, wie Christus die Gemeinde geliebt und sein Leben für sie hingegeben hat«* (Epheser 5,21-23 und 25).[37]

Ein anderes – ebenso verkehrtes – Extrem ist, die Frau

in ihrer Würde herabsetzen zu wollen, in eine niedere Kaste sozusagen. Natürlich: Gott bildet zuerst den Mann und erst dann die Frau. Aber können sich die »Herren der Schöpfung« deshalb einbilden, dass Frauen weniger wert sind als sie? Nein![38] Wenn Gott sagt, ich will *ihm* eine Hilfe machen, dann heißt das ja erst einmal, dass *er* hilfsbedürftig ist. Das spricht nicht gerade für die Erhabenheit des Mannes. Trotzdem könnte der Macho einwenden, dass der Mensch – wie den Tieren – auch seiner Frau einen Namen gibt (1. Mose 3,20). Und Namen geben, bedeutete Macht über jemanden zu haben, so hatten wir es vorhin festgestellt. Ist der Mann deshalb der Pascha? Absolut nicht! Siegfried Kettling macht darauf aufmerksam, dass die alten Übersetzer 1. Mose 2, Vers 23 wiedergeben mit: *Er nannte sie Männin.* Dabei wird versucht, einem hebräischen Wortspiel gerecht zu werden.

»Im Hebräischen heißt der Mann ›isch‹, die Frau ›ischa‹. Was kommt darin zum Ausdruck? Die Tiere ließen sich leicht definieren ... *Hier* aber muss der Mann mehr riskieren. Er muss sich selbst einsetzen, den ›isch‹ in die ›ischa‹ hinein. Billiger geht das nicht ... Hier werden nicht Herr und Sklave geschaffen, sondern hier entsteht personenhafte, ganzheitliche Lebensgemeinschaft. So ist der Mensch von Gott gedacht: gleichwertige Partner begegnen einander.«[39]

Beschämenderweise ist die Frau im Laufe der Geschichte immer wieder entwürdigt worden.[40] Aber auch diese Verzerrung wird durch Jesus wieder geradegerückt: *»Es hat darum auch nichts mehr zu sagen, ob ein Mensch Jude ist oder Nichtjude, ob im Sklavenstand oder frei, ob MANN oder FRAU. Durch eure Verbindung mit Christus Jesus seid ihr alle zu einem Menschen geworden«* (Galater 3,28, Gute Nachricht Bibel).

Mann und Frau – wurden von Gott geschaffen.

Beide wurden nach seinem Bild geschaffen.

Beide sollen über die Erde herrschen.

Der Unterschied besteht in der Anatomie und darin, dass Adam aus Staub und Eva aus Adams Rippe gebildet wurde. Der alte Bibelausleger Matthew Henry (1662-1714) schrieb:

»Sie wurde nicht aus seinem Haupt gebildet, als wäre sie Herrscherin über ihn, noch wurde sie aus seinen Füßen gebildet, als könne er sie tyrannisieren. Vielmehr wurde sie als seinesgleichen aus seiner Rippe gebildet – unter seinen Armen, damit er sie schütze, und nahe seinem Herzen, damit er sie liebe.«[41]

Die Erfindung der Ehe

»Aus diesem Grund verlässt ein Mann seinen Vater und seine Mutter, verbindet sich mit seiner Frau und wird völlig eins mit ihr« (1. Mose 2,24).

Im Blick auf die Ehe zwischen Mann und Frau gehören nach diesem Text drei Dinge zusammen:

Erstens: die Eltern verlassen,

zweitens: sich mit einem Partner verbinden,

und drittens: eins (ein Fleisch) werden.

Gehen wir das mal durch.

Erstens: *Ein Mann verlässt seinen Vater und seine Mutter.* Dem Kenner des Schöpfungsberichtes fällt auf, dass Adam gar keine Eltern hatte, die er hätte verlassen können. Was hier steht, gilt also generell und nicht nur für die beiden.[42] »Eltern verlassen« heißt: Die Initiative geht vom Mann aus. Und »Eltern verlassen« heißt auch: Das Paar soll selbstständig werden.

Zweitens: *Er verbindet sich mit seiner Frau.* Das Hebräische Wort *dabaq*, das hier mit »verbinden« wiedergegeben wird, kann man auch mit »verkleben« übersetzen. Hier ist die Rede von Ehe. Wer das sagt, fragst du? Ganz einfach – Jesus sagt es: *»Dann kamen einige Pharisäer und wollten ihm eine Falle stellen. Sie fragten: ›Darf ein Mann aus jedem beliebigen Grund seine Frau aus der Ehe entlassen?‹ – ›Habt ihr nie gelesen‹, erwiderte Jesus, ›dass Gott die Menschen von Anfang an als Mann und Frau geschaffen hat? Und dass er dann sagte: Deshalb wird ein Mann seinen Vater und seine Mutter verlassen und sich an seine Frau binden, und die zwei werden eine Einheit sein? Sie sind also nicht mehr zwei, sondern eine Einheit. Und was Gott zusammengefügt hat, sollen Menschen nicht scheiden!‹«* (Matthäus 19,3-6). Jesus bezieht diese alttestamentliche Stelle eindeutig auf die Ehe.

Wenn ich vor Jugendlichen über jenes *dabaq* spreche, benutze ich als Veranschaulichung gerne einen

Klebestreifen. Ich reiße ein Stück von der Rolle, klebe es auf mein Rednerpult und ziehe es wieder ab. Es ist ein wenig Staub daran hängen geblieben. Dann klebe ich es auf mein Hemd; ich ziehe es wieder ab, und ein paar Fusseln sind dazu gekommen. Schließlich klebe ich mir das Teil auf die Stirn; ein wenig Fett bleibt zurück ... Dann frage ich meine Zuhörer: »Ist so ein Klebestreifen noch zu gebrauchen?« Rhetorische Frage. Doch so ähnlich gehen viele mit ihren zwischenge-schlechtlichen Beziehungen um. Man geht mal ein paar Wochen lang mit dem oder der. Dann macht man Schluss, weil jemand anderes interessanter zu sein scheint. Wenn diese Beziehung auch zu Ende ist, geht man bald wieder die Nächste ein – im ungünstigsten Fall, nur um sich zu trösten ... Es folgen noch ein, zwei weitere Techtelmechtel und irgendwann heiratet man. Der Klebestreifen hält irgendwann nicht mehr. Aber die Ehe – die soll nach so einer Vergangenheit halten. Man darf gespannt sein. Merkst du: Auch mit dem Eingehen von Freundschaften und dem von Gott gegebenen Geschenk der Sexualität gilt es, besonnen und verant-wortungsvoll umzugehen.

Drittens: *Er wird völlig eins mit ihr.* Das meint Geschlechtsverkehr – aber nicht nur. Da wird aus Zwei-en eins. *»Das ist Fleisch von meinem Fleisch und Bein von meinem Bein«* (1. Mose 2,23; Elberfelder Überset-zung), ruft Adam aus. Adam erkennt: »Das hier ist mein anderes Ich.« Wie gesegnet könnten viele Ehen und Familien sein, wenn alle Adams dies erkennen würden. Ernüchtert schreibt der Theologe Helmut Thielicke:

»Ich habe in meinem Leben viele Ehen kennengelernt, in denen es kriselte. Vielleicht entstand eine
Krise nur deshalb ... weil sich der Mehltau der Langeweile und eines alltäglichen müdemachenden
Grau-in-Grau über ein Verhältnis gelegt hatte, das
einmal im Überschwang der Worte begonnen hatte
... und nun endet die Verzauberung in Banalität.«[43]

Ich selbst durfte bisher bereits 19 Traupredigen halten.
Wunderschöne Feiern folgten. Aber schon am jeweils
nächsten Tag stand das Paar nicht mehr im Rampen-
licht, keine Kamera war mehr auf sie gerichtet, kein
hingerissenes Publikum war mehr da. Der Alltag brachte bald die ersten Meinungsverschiedenheiten mit sich.
Es ging um Termine, Temperatur und Tapetenwechsel.
Probleme mit der Verwandtschaft oder mit den Finan-
zen kamen dazu. Das Traurige ist: Vier dieser 19 Ehen
sind schon wieder geschieden. Wie kommt das? Die
hatten doch alle mit den besten Vorsätzen angefangen!
Nun, man kennt sich irgendwann, und es gibt nichts
Neues mehr zu sagen. Plötzlich fragt man sich: »Hab
ich den richtigen Mann, die richtige Frau geheiratet? Ist
dieser Mensch wirklich der, der zu mir passt?«

Helmut Thielicke rät allen Verheirateten oder denen,
die es werden wollen, sich selbst zu fragen:

»Habe ich dem anderen vielleicht zu wenig Liebe
zugewendet ... ? Habe *ich* das aus ihm werden lassen, was er nun vielleicht wirklich wurde? Der andere Mensch, den Gott mir zugesellt hat, ist das, was er

ist, niemals ohne mich. *Er ist nicht nur Bein von meinem Bein, sondern auch Langeweile von meiner Langeweile, und Liebeleere von meiner Liebeleere.«*[44]

Ich füge hinzu: Er ist Brüllen von deinem Brüllen und Schweigen von deinem Schweigen.

Wie schafft ein sündiger Mensch es zu lieben? Gott schafft es. Ohne *seine* Liebe geht es nicht. *»Wir lieben doch, weil er uns zuerst geliebt hat«* (1. Johannes 4,19). Seine Liebe verändert Menschen bis in ihr Allerinnerstes hinein. Darum ergänze ich meine Gliederung zum Schluss noch um einen letzten Punkt:

5. Wir sind erschaffen, um Gott zu lieben und zu loben

»Würdig bist du, unser Herr und Gott, dir gebührt Ehre und Ruhm und alle Macht, denn du hast alle Dinge erschaffen. Du hast es gewollt, und die Schöpfung entstand« (Offenbarung 4,11). Die Offenbarung nennt uns, die wir an Jesus glauben, seine »Braut«. Dass wir derart innig mit Jesus verbunden sein können, ist nur darauf zurückzuführen, dass er alles, wirklich alles dafür investiert hat. Adam musste »entschlafen« – dann bekam er Eva zur Frau. Jesus musste sterben, um auf diesem Weg seine Braut, die Gemeinde zu erwerben. Dadurch, dass sich Jesus völlig hingegeben hat, können Menschen eins werden mit ihm.

Die Liebe Gottes zeigt sich in Jesus Christus. Und er weiß, dass *seine* Liebe in uns Liebe und Bewunderung hervorbringen kann. Liebe ist das Einzige, was Gott von uns möchte und wofür er uns geschaffen hat. Und wer Gott liebt, der liebt auch seinen Nächsten.

Folgenreiche Fehlentscheidung

Der Mensch versündigt sich
1. Mose 3,1-24

Jemand betet: »Lieber Gott, bis jetzt habe ich mich heute sehr gut aufgeführt. Ich habe über niemanden gelästert, habe immer die Fassung bewahrt. Ich war zu keinem Menschen unhöflich oder gemein, war absolut nicht egoistisch. Da bin ich echt froh ... Aber in ein paar Minuten, Gott, brauche ich wirklich deine Hilfe, weil dann stehe ich auf und mache Frühstück ...«

Wer schläft, sündigt nicht, sagt man. Natürlich sollst du jetzt nicht über dem Buch einschlafen – nach dem Motto: »In der Zeit kann ich wenigstens nichts verkehrt machen ...«

Was Menschen von Tieren unterscheidet, ist unter anderem ihre Sündhaftigkeit. Der Mensch ist moralisch verantwortlich. Ein Bewusstsein für Schuld ist typisch menschlich. Tiere haben das nicht.[45] Wenn ein Tier ein anderes tötet, mögen *wir* das bedauern oder bejammern, es selbst tut das niemals. Auch können wir den Täter nicht zur Verantwortung ziehen. Selbst von den großen Menschenaffen habe ich noch nie einen vor Gericht gesehen. Dir und mir dagegen ist alles zuzutrauen und manches anzulasten.

Weite und Grenze

Das dritte Kapitel der Bibel schildert ein an Traurigkeit und Reichweite kaum zu überbietendes Ereignis, eine wahrhaft folgenreiche Fehlentscheidung. Um den Sündenfall recht zu verstehen, müssen wir bereits in 1. Mose 2, Verse 16-17 ansetzen: *»Und Jahwe, Gott, wies den Menschen an: ›Von allen Bäumen im Garten darfst du nach Belieben essen, nur nicht von dem Baum, der dich Gut und Böse erkennen lässt. Sobald du davon isst, musst du sterben.‹«*

Zum einen macht Gott hier eine großzügig weite Geste: »Die ganze Welt gehört dir; bitte, bediene dich!« Gott zeigt sich absolut gönnerhaft. Man sollte in den Versen nicht nur das Verbot sehen. Das nämlich steht erst an zweiter Stelle: »Von diesem einen Baum sollst du nicht essen!« Weite auf der einen und Grenzziehung auf der anderen Seite. Noch einmal Siegfried Kettling dazu:

»Dieser Baum der Erkenntnis des Guten und des Bösen will eine Grenze markieren zwischen dem Schöpfer und dem Geschöpf. Wenn der Mensch hier haltmacht, bringt er dadurch zum Ausdruck: ›Jawohl, du bist der Herr, und dieses Gebiet gehört dir; ich akzeptiere, dass ich dein Geschöpf bin und eben nicht selber Gott.‹«[46]

Wer dagegen mit Gott die Rollen tauschen will, der bildet sich ein, dass er alles essen kann; dass er alles sagen kann, machen, kontrollieren, besitzen und verletzen kann.

Der Versucher

»Die Schlange war listiger als all die anderen Tiere, die Jahwe, Gott, gemacht hatte. Sie fragte die Frau: ›Hat Gott wirklich gesagt, dass ihr von keinem Baum im Garten essen dürft?‹ – ›Natürlich essen wir von den Früchten‹, entgegnete die Frau, ›nur von den Früchten des Baumes in der Mitte des Gartens hat Gott gesagt: Davon dürft ihr nicht essen – sie nicht einmal berühren – sonst müsst ihr sterben.‹ – ›Sterben?‹, widersprach die Schlange, ›sterben werdet ihr nicht. Aber Gott weiß genau, dass euch die Augen aufgehen, wenn ihr davon esst. Ihr werdet wissen, was Gut und Böse ist, und werdet sein wie Gott‹« (1. Mose 3,1-5).

Eva – auf dem Weg zum shopen – trifft eine Schlange, und zwar eine, die spricht. Das scheint die Frau nicht besonders zu verwundern, denn Adam und Eva entdecken in Gottes wunderbarer Schöpfung *täglich* Neues: einen Vogel, der taucht; ein Lama, das spuckt; eine Maus, die fliegt; eine Schlange, die spricht. Na und? Je mehr Eindrücken wir uns aussetzen, desto leichter wird das Außergewöhnliche normal.

Gott und Mensch gehören zusammen – *das* ist normal. Hinter allem, was beide trennen will, steckt der Teufel. Er ist jener Gegner Gottes, von dem wir zu Beginn des Buches bereits geredet haben.

»Teufel«, denkst du, »jetzt hört sich aber alles auf! Als aufgeklärter Mensch glaube ich an niemanden, der nicht im Telefonbuch steht.« Ich glaube, dass die Existenz eines unsichtbaren Wesens, das man Satan oder Teufel nennt, unter anderem deshalb heute angezweifelt wird, weil darüber eine Menge frommer Märchen und religiöser Gruselgeschichten erzählt und die skurrilsten Bilder gemalt worden sind. Aber es gibt ihn dennoch. Er durchstreift die Erde und wandelt auf ihr herum, wie er selbst in Hiob 1, Vers 7 zugibt. Manchmal tritt er heimlich auf, manchmal recht offensichtlich.

Satan im Garten Eden hatte sich eine Schlange als Medium ausgesucht. Er besitzt viele Kostüme[47], bei ihm ist das ganze Jahr über Fasching. Zum Beispiel lässt er sich gerne die Maske einer Witzfigur aufsetzen mit Hörnern und Pferdefuß. Warum? Damit die Menschen es lachhaft finden, wenn jemand so etwas ernst nimmt. Aber auch hinter der Maske der Kunst verbirgt er sich gern, oder der Musik[48], oder der Psychologie[49] – selbst hinter der Maske der Religion[50] ... Hauptsache die Adams und Evas in der Welt merken nicht, dass sie ihm auf den Leim gehen.

Auf die Frage, ob er an den Teufel glaube, antwortete der Literaturwissenschaftler C. S. Lewis:

»Jawohl ... Ich behaupte nicht, etwas über die äußere Erscheinung des Teufels zu wissen. Wenn aber jemand seine nähere Bekanntschaft zu machen wünscht, so würde ich ihm sagen: ›Keine Bange, wenn Sie ernsthaft wollen, werden Sie ihm schon begegnen. Was Sie hinterher sagen werden, das ist allerdings eine andere Frage.‹«[51]

Der Teufel hat sich also die Schlange ausgesucht und landet ausgerechnet auf dem Baum, den Gott für tabu erklärt hat. Was tut er, als er Eva sieht? Er erhebt sich nicht aus der Hölle, legt den Würgegriff an und schreit: *»Mach dich auf dein Ende gefasst!«* Nein, er lächelt, stellt *sich* ein bisschen dumm und *Eva* die Frage: *»Hat Gott wirklich gesagt, dass ihr von keinem Baum im Garten essen dürft?«* (1. Mose 3,1).

Eva – als wäre es völlig normal, mit einer Schlange zu plaudern –, antwortet: *»Natürlich essen wir von den Früchten. Nur von den Früchten des Baumes in der Mitte des Gartens hat Gott gesagt: ›Davon dürft ihr nicht essen – sie nicht einmal berühren – sonst müsst ihr sterben‹«* (1. Mose 3,2-3).

Das wird die längste Rede über ein theologisches

Thema gewesen sein, die Eva bis dahin gehalten hat. Der Inhalt allerdings lässt etwas zu wünschen übrig. Von dem, was sie sagt, ist richtig: »Gott hat verboten.« Übertrieben hat sie, als sie hinzufügt: »Wir dürfen nicht mal berühren.« Das hat Gott nie gesagt. Irgendwie hat man sowieso den Eindruck, dass Gott auf einmal nicht mehr so wichtig ist. Dafür gewinnt der Baum um so mehr an Faszination. »Ihr sollt sie nicht berühren.« Wenn ich meinem Neffen Malte sage: »Nicht anfassen!«, kann ich mir sicher sein: Er tut es doch. Verbotenes reizt irgendwie. Bei Erwachsenen ist das nicht viel anders. Stell dir eine Bretterwand vor, einen Bauzaun mit einem Loch drin. Jeder Passant wird achtlos daran vorbeigehen. Aber bring mal neben dem Loch ein Schild an mit der Aufschrift: »Hindurchsehen verboten!« Was glaubst du, wie viele auf der Stelle stehen bleiben, um durch dieses Loch zu gucken? Das könnte den größten Volksauflauf seit dem Fall der Berliner Mauer auslösen. Verbote reizen.

Die Schlange säuselt einen wohlklingenden Akkord aus Geheimnis, Vertrautheit, Bestimmtheit und Verlockung. Nachdem sie Eva damit ein bisschen eingelullt hat, wird sie plötzlich frech und behauptet das Gegenteil von dem, was Gott sagte: *»Sterben werdet ihr nicht!«* (1. Mose 3,4). Dann klärt sie Eva über die eigentlichen Beweggründe Gottes auf: *»Gott weiß genau, dass euch die Augen aufgehen, wenn ihr davon esst. Ihr werdet wissen, was Gut und Böse ist, und werdet sein wie Gott«* (1. Mose 3,5). Mit anderen Worten: »Eva, versteh doch! Gott hat mit diesem Gebot nicht an euch gedacht, wie du naives Schätzelein meinst, sondern an sich. Er muss befürchten, ein anderer könnte sein Monopol der Gottheit an sich reißen.«

»Aha«, dämmert es Eva. »Kann sein! Hier ist Skepsis geboten. Na warte ...« Wenn Gott Liebe ist, dann kann man ihm vertrauen und dann ist man ihm gehorsam. Wenn Gott aber egoistisch ist, dann ist man misstrauisch und dann rebelliert man gegen ihn.

Sein wie Gott

Der Baum als solcher ist gar nicht das Entscheidende hier. Was ist über den nicht schon alles gesagt und geschrieben worden. Die Frage, ob es sich um einen Apfel-, Birn- oder Zitrusbaum handelt, ist völlig zweitrangig. Die verbotene Frucht zieht Eva deshalb so in ihren Bann – genau wie ihren Mann –, weil die Schlange eine interessante Wirkung in Aussicht stellt, wenn man davon kostet: *»Ihr werdet wissen, was Gut und Böse ist, und werdet sein wie Gott«* (1. Mose 3,5).

Was hat es mit dem Gut und Böse auf sich? Vielleicht – so meint Siegfried Kettling – muss die Aussage gar nicht im moralischen Sinne verstanden werden. Vielleicht werden hier zwei Pole angegeben, die das Ganze meinen. Wenn es heißt, dass Gott Himmel und Erde schuf, heißt das doch: Gott schuf alles. Wenn es von den Bürgern Ninives heißt, dass sie nicht wissen, was rechts oder links ist (Jona 4,11), heißt das: Sie wissen nichts. Und wenn Eva versprochen wird: *»Ihr* *werdet wissen, was Gut und Böse ist«*, heißt das möglicherweise: Ihr werdet *alles* wissen. Und Wissen im biblischen Sinne ist mehr als nur Theorie, nicht nur theoretisches Kennen, sondern auch praktisches Können. Es geht nicht darum, die Bibliotheken der Staatsarchive aller Länder im Kopf zu haben, sondern die große, weite Welt im Griff. *»Ihr werdet sein wie Gott, erkennend Gutes und Böses«*, heißt letztlich: Ihr braucht Gott nicht mehr! Ihr gestaltet euer Leben selbst. Ihr seid die großen Selbermacher.[52]

Wie tief der Wunsch nach Selbstständigkeit in uns verankert ist, merkt man schon kleinen Kindern an. Du willst so einem Hosenmatz helfen, die Schuhe anzuziehen, da kriegst du auch schon die Abfuhr: »Selber machen!« So sind wir. Als autonomer Mensch lege ich die Regeln selbst fest, wie ich mit meinen Flocken, meiner Frömmigkeit und meiner Freundin umgehe. Gehört mir! Mach ich selbst! Dabei ist »Selbstgemachtes« nicht unbedingt ein Gütesiegel ... Ich war bei einem Single zum Kaffeetrinken; den Kuchen hatte er selbst gemacht – na ja. Oder ein junger Mann erklärte mir: »Den Kotflügel hab' ich selber lackiert.« Hätte er nicht sagen müssen – das sah man. Was wollen wir denn noch alles selbst machen? »Den Meniskus hab ich mir selber operiert« – oder wie? Evolutionstheoretiker sagen, dass wir uns aus eigener Anstrengung selbst aus der Tierwelt emporgestemmt, uns sozusagen selbst gemacht haben. Der Mensch als Schöpfer seiner selbst, schickt Gott in den Ruhestand.

Vielleicht gehst du gar nicht so weit zu sagen, dass

es Gott nicht gibt. Das hat die Schlange auch nicht behauptet. Die redet in den beiden Statements dreimal von Gott. Gott mag durchaus eine Rolle in deinem Leben spielen. Aber er führt eben nicht die Regie. Atheisten sind wir nicht, aber Menschen, die sich selbst verwirklichen wollen, anstatt ihre Kraft aus der Wirklichkeit Gottes zu gewinnen; Menschen, die sich selbst mehr lieben als Gott.

Totale und universale Sünder

»Als die Frau nun sah, wie gut von dem Baum zu essen wäre, was für eine Augenweide er war und wie viel Einsicht er versprach, da nahm sie eine Frucht und aß. Sie gab auch ihrem Mann davon, der neben ihr stand. Auch er aß. Da gingen beiden die Augen auf. Sie merkten auf einmal, dass sie nackt waren. Deshalb machten sie sich Lendenschurze aus zusammengehefteten Feigenblättern« (1. Mose 3,6-7).

Da steht die Eva bewundernd vor dem Baum. Gott ist vergessen. Und dass sie immer noch mit einer Schlange spricht, erst recht ... Dann packt es sie – und zwar auf dreifache Weise, wie es in Vers 6 heißt:

Erstens: *Sie sah, wie gut von dem Baum zu essen wäre.* Ihr Appetit, das heißt, ihr körperliches Verlangen ist angeregt.

Zweitens: *Er war eine Augenweide.* Ihre Seele, ihr Sinn für Schönheit ist angeregt.

Drittens: *Und er versprach, Einsicht zu geben.* Schließlich ist ihr Verlangen nach Göttlichem, ihr Geist angeregt.

Die Lust erreicht den ganzen Menschen und zwar mit allem, was dazu gehört – dem Körper, der Seele und dem Geist. Es gibt Leute, die meinen: Wenn ich nur meinen Körper im Griff habe, die Triebe beherrsche, dann bin ich mit dem Problem der Sünde fertig. Falsch! Andere sagen: Das Denken ist das Problem. Aus dem Denken kommt der Zweifel ... Dann hören sie auf zu denken. Auch falsch! Wieder andere meinen, das Unbewusste, die Gefühle seien das Problem. Alles falsch – der *ganze* Mensch (total) ist Sünder.[53]

Und es geht um *alle* Menschen (universal). In 1. Mose 3 besteht die ganze Menschheit aus Adam und Eva. Die beiden stehen für uns alle. Bei Eva ist noch eine raffinierte Taktik der Verführung nötig. Adam dagegen läuft wie ein Trottel hinterher. Er macht einfach mit. Ob du Akteur bist oder dich als Opfer siehst, ist zweitrangig: Der ganze Mensch mit Haut und Haar ist in Sünde gefallen, und die ganze Menschheit, alles, was Mensch heißt, sitzt in einem Boot. Egal ob alt oder jung, gebildet oder eingebildet, krank oder gesund – wir alle sind darin gleich, dass wir uns in den Mittelpunkt gestellt haben. Sünder sind wir![54]

Jeder weiß, wie es ist, wenn die Sünde zu beeindrucken versucht. Filme können verführen oder das Internet. Wenn dann eine Stimme in deinem Inneren warnt: »Lass es!«, dann hältst du dir die Ohren zu. Du siehst dir den Dreck an und bist tief enttäuscht. Die

Seifenblase ist geplatzt, so schön sie auch vorher schillerte. Und drei Wochen später, die nächste Gelegenheit, dieselbe Faszination ... Der Bibellehrer Charles Ryrie schreibt, dass viele Christen deshalb nie den Sieg über den Teufel erringen, weil sie sich nie dazu entschieden haben, ihm gegenüber klar Stellung zu beziehen:

»Sie flirten mit der Sünde und den Versuchungen, die Satan ihnen in den Weg stellt. Dabei beten sie vielleicht sogar ernsthaft für den Sieg und reden fromm von ihrer Sehnsucht nach Befreiung, aber in ihren Herzen bleibt immer noch der Wunsch, sich ihrer Lieblingssünde hinzugeben, und sei es auch nur gelegentlich. Nur die endgültige Befreiung, einen entschlossenen Standpunkt dem Bösen gegenüber einzunehmen, kann sie auf den Weg bringen, der zum Sieg führt.«[55]

Wir leben in einer Welt voller Versuchungen. Manche sind sexueller Art, andere haben mit Neid und Diebstahl zu tun, oder mit Lieblosigkeit und Hass, mit Täuschungen und Lügen, mit Jähzorn und Gewalt, mit Geiz und Egoismus ... Die alte Schlange schreit auf dem Markt dieser Welt: »Frische Früchte, frische Früchte, frische Süchte ...«

Eva kann sich nicht mehr zurückhalten. Sie pflückt die Frucht – dass kein Wurm drin ist, hatte die Schlange ihr ja versichert – und beißt hinein. Jetzt muss doch etwas passieren! Die Vorhersage war: *»Euch werden die Augen aufgehen ... und ihr werdet sein wie Gott«* (1. Mose 3,5). Vers 7: *»Da gingen beiden die Augen auf ...«* So weit läuft alles wie erwartet. Ganz unrecht hat die Schlange nicht. Es ist etwas dran an dem, was sie sagt. Nebenbei bemerkt: An einer Lüge ist meistens etwas dran. Eine hundertprozentige Lüge verkauft sich nämlich nicht. Jeder Lügner, jeder Verführer, jeder Sektierer vermischt Wahrheit mit Lüge. Das macht die Sache so gefährlich.

Nach den Worten der Schlange müsste es jetzt weitergehen: ... *und sie wurden wie Gott.* Denkste: Wie Gott will man sein – und findet sich als Nackedei wieder! *»Da gingen beiden die Augen auf. Sie merkten auf einmal, dass sie nackt waren«* (1. Mose 3,7). Das ist ein Absturz senkrecht nach unten. Der Mensch steigt nicht zu den Göttern auf, sondern steht bloßgestellt da und schämt sich.[56] Daraufhin gründen Adam und Eva die Textilindustrie, indem sie notdürftig ein paar Feigenblätter aneinanderreihen. Und sie fliehen vor Gott wie Verbrecher vor der Polizei.

Max Lucado beschreibt die Folgen des Sündenfalls so:

»Vor der Tat folgten Adam und Eva Gott, wie Schafe ihrem Hirten folgen: Er sprach, und sie hörten zu.

Er gab ihnen Aufgaben, und sie führten sie aus ... Sie waren durchschaubar, aber das machte ihnen keine Angst. So wie ein Tropfen Tinte ein Glas Wasser verdunkelt, verdunkelte ihre trotzige Tat ihre Seelen. Alles veränderte sich.«[57]

Das erste Menschenpaar hatte sich überreden lassen: Wie Kinder standen sie fasziniert vor einer Weihnachtskugel und packten zu – die Splitter bohrten sich in die Hände. Das war die folgenreichste Fehlentscheidung. Die Sünde war in die Welt gekommen. Mit der Sünde kam der Tod.

Der Tod? Sicher? Die Ankündigung der Schlange war nicht wirklich eingetroffen; die von *Gott* aber scheinbar auch nicht. Auch Gott hatte gesagt, dass es nicht ohne Folgen bleiben würde, wenn Adam und Eva von jenem Baum naschen: »*Sobald du davon isst, musst du sterben!*« (1. Mose 2,17).

Vor ein paar Jahren versuchte ich, einem Teenagermädchen diese Zusammenhänge grafisch zu verdeutlichen. Ich malte ein Strichmännchen auf ein Blatt Papier, ein Symbol für Gott und einen Baum mit einer Schlange.

»Erkennst du, was ich hier gezeichnet habe?«

»Ah, ich weiß!«, meinte sie. »Die Schlange hatte in den Apfel gebissen, so dass er vergiftet war. Dann aß Eva den Apfel und fiel tot um.«

»Hm. Ja, so ähnlich ...«, sagte ich.

Gift war keins im Spiel, und Adam und Eva fielen auch nicht sofort tot um, wie es nach Gottes Androhung zu erwarten gewesen wäre. Hat Gott sich geirrt? Hat er es sich anders überlegt? Oder meint er gar nicht den körperlichen, sondern den geistlichen Tod? Offensichtlich. Seit dem Sündenfall ist der Mensch geistlich tot. Er hat seitdem keine Verbindung zu Gott mehr, der Quelle des wahren Lebens. Kommt bei einem geistlich Toten dann irgendwann auch noch der biologische Tod dazu, dann heißt das, dass er ewig von Gott getrennt bleiben muss.

Das Übertreten von Gesetzen hat Strafe zur Folge. Wenn ich zu schnell fahre, Steuern hinterziehe oder die Tankstelle im Nachbardorf überfalle, muss ich mit Konsequenzen rechnen. Das ist nach unserem Gerechtigkeitsempfinden völlig richtig so. Das galt auch damals, als es keine zehn oder mehr Gebote, sondern nur ein einziges gab, nämlich: »Du sollst nicht essen von jener Frucht!« Die Strafandrohung hatte Gott damals nicht aus dem Affekt heraus ausgesprochen, sondern Strafe ist ein Prinzip, das sich durch die gesamte Bibel zieht: *»Denn der Erlös, der aus der Sünde kommt, ist der Tod«* (Römer 6,23).

Adam, wo bist du?

»Am Abend, als es kühler wurde, hörten sie Gott durch den Garten gehen. Da versteckten sich der Mann und seine Frau vor Gott zwischen den Bäumen. Doch Jahwe, Gott, rief den Menschen: ›Wo bist du?‹ Der antwortete: ›Ich hörte dich durch den Garten gehen und bekam Angst, weil ich nackt bin. Deshalb habe ich mich

versteckt.‹ – ›Wer hat dir gesagt, dass du nackt bist?‹,
fragte Gott. ›Hast du etwa von dem verbotenen Baum
gegessen?‹ Der Mensch erwiderte: ›Die Frau, die du
mir zur Seite gestellt hast, gab mir etwas davon; da
habe ich gegessen.‹ – ›Was hast du da getan?‹, fragte
Jahwe, Gott, die Frau. ›Die Schlange hat mich ver-
führt‹, entgegnete sie« (1. Mose 3,8-13).

»Jahwe, Gott, rief den Menschen: ›Wo bist du?‹« (1.
Mose 3,9). Wir meinen, dass *wir* Gott finden, wenn wir
ihn zuvor gesucht haben. Und das ist auch in gewisser
Weise richtig: *»Wenn ihr mich sucht, werdet ihr mich*
finden« (Jeremia 29,13), sagt Gott. Doch wir sollten uns
im Blick auf unsere Suche nicht allzu wichtig vorkom-
men. Denn entscheidend ist erst einmal, dass Gott uns
sucht: »Adam, wo bist du? Ich vermisse dich! Du und
ich, wir gehören doch zusammen!« Die Initiative geht
von Gott aus – immer. Ähnliches hat auch Bob Georg
beobachtet hinsichtlich des Sterbens von Jesus:

> »Niemand hat am Kreuz den Herrn Jesus darum
> gebeten, die Sünden zu vergeben. Aber um was bat
> er? ›Vater vergib ihnen ...‹ (Lukas 23,34). Es war
> seine Tat auf seine Initiative hin, die den Menschen
> die Vergebung brachte.«[58]

Noch kurz vor seinem Tod vergab Jesus dem Schwerverbrecher am Kreuz neben ihm, obwohl der sich wo-
möglich nur aus reiner Angst bekehrte. Der Bestseller-
Autor Philip Yancey schreibt dazu:

»Dieser Verbrecher würde nie mehr die Schrift lesen, nie mehr in die Synagoge gehen oder eine Schandtat wiedergutmachen können. Er hatte einfach gesagt: ›Jesus, denke an mich, wenn du in dein Reich kommst‹, und Jesus verspricht ihm: ›Heute wirst du mit mir im Paradies sein‹ (Lukas 23,42-43). Das soll uns immer wieder daran erinnern, dass Gottes Gnade nicht davon abhängt, was wir für Gott getan haben, sondern was Gott für uns getan hat.«[59]

Wo wären wir, wenn Gott nicht initiativ wäre? Er kommt uns in seiner Gnade entgegen. *»Wo bist du?«*

Nicht, dass Gott nicht gewusst hätte, wo Adam steckt. Gott weiß alles. Joachim Cochlovius meint, dass die Frage in dem Sinne zu verstehen ist: »Wo bist du hingeraten?« Oder: »Was ist aus dir geworden?«[60] Ich vermute darüber hinaus, dass Gott von Adam ein Geständnis erwartet. Was Gott schätzt, ist Aufrichtigkeit. Was Gott will, ist Versöhnung.

Aber Adam gibt nichts zu. Als Gott ihn zur Rede stellt ... schiebt er es auf Eva ... und Eva schiebt es auf die Schlange (1. Mose 3,12-13). Hier haben wir es mit einem typischen Modell zu tun, wie wir bis heute Schuldprobleme lösen.

Der Westen sagt: Der Osten ist schuld.

Der Osten sagt: Der Westen ist schuld.

Die Christen sagen: Die Moslems sind schuld.

Die Moslems sagen: Die Christen sind schuld.

Die CDU sagt: Die SPD ist schuld.

Die SPD sagt: Die CDU ist schuld.

Die Kinder sagen: Die Eltern sind schuld.

Die Eltern sagen: Die Kinder sind schuld.

So schieben wir die Akte von einem Schreibtisch auf den anderen. Dass Schuld *da* ist, merkt jeder. Allerdings sind es immer die anderen. Wer von uns hat das Format, einmal zuzugeben: *»Ich bin schuld«*? Vergebung jedenfalls ist erst möglich, wenn wir unsere Sünden einsehen und bekennen (1. Johannes 1,9).

Gericht und Verheißung

»Da sagte Jahwe, Gott, zur Schlange: ›Weil du das getan hast, sei verflucht vor allem Herdenvieh und vor all den wilden Tieren! Kriech auf dem Bauch[61] und friss den Staub dein Leben lang! Ich stelle Feindschaft zwischen dich und die Frau, deinem Nachwuchs und ihrem. Er wird dir den Kopf zertreten, und du wirst ihm die Ferse zerbeißen.‹ ... Zu Adam sagte er: ›Weil du auf deine Frau gehört und von dem Baum gegessen hast, obwohl ich dir das ausdrücklich verboten habe, vernimm das Folgende: Wegen dir sei der Acker verflucht! Um dich von ihm zu ernähren, musst du dich lebenslang mühen. Dornen und Disteln werden dort wachsen, doch du bist angewiesen auf die Frucht. Mit Schweiß wirst du dein Brot verdienen, bis du zurückkehrst zur Erde, von der du genommen bist. Denn Staub bist du, und zu Staub wirst du werden‹« (1. Mose 3,14-15.17-19).

Jede Sünde, jedes Verbrechen hat Folgen. Selbst wenn ein Mörder seine Tat über Jahre vertuschen kann, wenn ihm das – wie man sagt – »perfekte Verbrechen« gelungen ist, muss er dennoch mit den Folgen leben; und er muss damit sterben. Im Leben muss er immer damit rechnen, gefasst zu werden; die Angst und das schlechte Gewissen sind ihm ständig auf den Fersen. Und sollte er bis zu seinem Tod einer Strafe erfolgreich entgangen sein, ist es spätestens dann so weit. Denn nach dem Tod muss er sich vor Gott verantworten.

Doch Inhalt der Verse oben ist nicht allein Verurteilung, sondern auch Verheißung. Die Bibel gibt uns hier einen herrlichen Ausblick: »Der Nachwuchs der Frau wird der Schlange den Kopf zertreten.« Bist du Sportler? Hast du dich schon mal richtig verletzt? Du fährst Ski – schlechte Sichtverhältnisse –, eine Bodenwelle bringt dich aus dem Gleichgewicht, du stürzt und spürst sofort den stechenden Schmerz. Die restlichen Tage des Urlaubs darfst du eingegipst mit gebrochenem Bein als Zuschauer verbringen. Aber weißt du was? Seit dem Moment des Bruchs fängt die Heilung schon an. So ist das auch bei dem Bruch zwischen uns Menschen und Gott. Da ist dieser schmerzliche Beziehungsbruch. Und dieser Bruch hat Folgen: Gericht. Doch in dem Moment, als der Mensch Gott die kalte Schulter zeigt, macht Gott deutlich, dass er den Menschen trotz aller Konsequenzen der Sünde nicht aufgeben würde. Gott verspricht, dass einer kommen wird, der den Bruch heilt und das wieder zusammenfügt, was zusammen gehört: wir Menschen und Gott! Am Ende dieses Kapitels reden wir wieder von Jesus, dem Heiland. Er, der Sohn Gottes, von einer Jungfrau geboren, ist der »Nachkomme der Frau«, der mit der Schlange abrechnet.

Der Film *Die Passion Christi* beginnt mit der endlos langen Sequenz im Garten Getsemane. Jesus ringt im Gebet mit seinem Vater. Der Versucher ist dabei und will Jesus davon überzeugen, dass sein Unternehmen aussichtslos ist. Zwischendurch sieht man eine Schlange, die sich Jesus nähert. Die Szene endet mit einem dumpfen Schlag: Jesus steht auf und zertritt der Schlange den Kopf. Mel Gibson hat den Zusammenhang zwischen der Voraussage Gottes in 1. Mose 3 und der Botschaft von Jesus Christus erkannt und eindrücklich dargestellt.

Am Kreuz wurde der Sohn Gottes (hin)gerichtet. Dort hat er die Strafe auf sich genommen, die wir als Sünder verdient hatten. Von Jesus heißt es: »... *er hat an unserer Stelle den Fluch auf sich genommen*« (Galater 3,13). Jesus übernahm die volle Härte des Gerichtes Gottes und zertrat damit der Schlange den Kopf.

Der Versuchung widerstehen

Der Schwanz einer Klapperschlange, deren Kopf zertreten ist, wackelt allerdings immer noch eine Weile und flößt uns Furcht ein.[62] Will sagen, von Versuchung sind wir – ob Christ oder nicht Christ – umgeben, solange wir auf der Erde sind. Kann man etwas gegen Sünde tun? Wie sehen die Waffen aus, die ich gegen

Sünde und Teufel einsetzen kann? Woher nehme ich die Kraft zu widerstehen? Die ernüchternde Antwort: Der Feind ist uns um Längen überlegen. Genauso gut könnte man ein Paar Boxhandschuhe anziehen und gegen einen Panzer antreten. Viel Erfolg!

Eigentlich wollte ich dir am Schluss des Kapitels noch drei bis fünf Tipps auflisten, wie du mit Sünde fertig werden kannst, aber ich habe unterm Strich nur einen. Es gibt im Neuen Testament eine Strategie, die lautet: *»Flieht!«* (1. Korinther 6,18). Zugegeben: Das klingt nicht besonders tapfer. Aber vor Sünde ist Flucht das einzig Vernünftige. Wenn ein Waldbrand auf dich zu rast, ist Widerstand nicht nur zwecklos, sondern Wahnsinn. Dir bleibt nur eins: die Flucht. Aber nicht irgendwohin, sondern zum Gekreuzigten. Du kannst der Verlockung der Frucht, die am Baum hängt, nur widerstehen, wenn du dich dem Freund zuwendest, der am Kreuz hängt. Dieser Anblick ist natürlich weniger anziehend als die Frucht. In Jesaja 53, Verse 2-3 steht: *»Er war unansehnlich, und er gefiel uns nicht. Er wurde verachtet und alle mieden ihn. Er war voller Schmerzen, mit Leiden vertraut, wie einer, dessen Anblick man nicht mehr erträgt.«*

Aber nicht das Schockierende ist das Entscheidende, sondern die Frage, wie es dazu kam. Auf ihn ist die ganze Gewalt der Bosheit und Schuld aufgeprallt. Und er wollte es so. Für dich und für mich hat er es getan. Tim Keller erklärt den Grund für das Leiden und Sterben Jesu auf zweifache Weise:

»Das christliche Evangelium sagt, dass ich ein so hoffnungsloser Fall bin, dass Jesus für mich sterben *musste* – und dass ich so wertvoll und geliebt bin, dass Jesus für mich sterben *wollte*.«[63]

Jesus Christus hat mit seinem Opfer am Kreuz den Verführer bezwungen. Das heißt, dass du der dämonischen Macht der Sünde nicht mehr folgen musst, du bist frei, wenn du Jesus vertraust.

Der Mensch hat den größten Fehler gemacht und hat sich bis heute nicht gebessert. Aber Jesus Christus hat alles richtig gemacht. Und er will bis heute Menschen retten.

Kapitel 4

Konkurrenzkampf oder Kurzschlusshandlung?

Brudermord Kains an Abel
1. Mose 4,1-16

Kommt ein Hahn mit einem Straußenei auf die Hühnerfarm: »Mädels, ich will ja nicht meckern, aber guckt mal, was die Konkurrenz macht.«

Konkurrenz *belebt* das Geschäft, sagt man. Und manchmal *tötet* Konkurrenz den Konkurrenten – wie Kain den Abel. Ist der Brudermord, dieses grauenhafte Verbrechen, auf einen Konkurrenzkampf zurückzuführen, oder war es einfach eine Kurzschlusshandlung?

Ein kurzer Rückblick: Im Kapitel zuvor hatten wir es mit dem Teufel zu tun. Er ist Gottes Feind. Da er aber an Gott nicht herankommt, lässt er seine Wut an uns Menschen aus. Das ist wie bei einer Frau, die wütend auf ihren Mann ist. Sie nimmt sein Bild aus dem Rahmen, wirft es auf den Boden und trampelt darauf herum ... Der Teufel hat sich uns – das Bild Gottes – vorgenommen. Genauso wenig wie er vor den ersten Menschen Halt gemacht hat, macht er Halt vor den zweiten, den dritten oder vor uns heute.

Mutter aller Lebenden

Das dritte Kapitel nahm ein schlimmes Ende. Der Tod war schon hier Thema, nämlich als unmittelbare Folge des Sündenfalls: »*Denn Staub bist du, und zu Staub wirst du werden*« (1. Mose 3,19). Gott *hebt* die Vollstreckung seines Urteils zwar nicht auf, aber er *schiebt* sie auf. Nur einen Vers später tönt es auf einmal wider Erwarten fröhlich vor dem Garten: »*Adam gab seiner Frau den Namen Eva, Leben, denn sie sollte die Mutter aller lebenden Menschen werden*« (1. Mose 3,20). Dass wir alle geboren sind und Leben haben, zeigt etwas von der unbegreiflichen Geduld und Güte Gottes.

»*Adam hatte mit seiner Frau Eva geschlafen. Nun wurde sie schwanger und gebar Kain. Da sagte sie: ›Ich habe einen Mann erworben, Jahwe.‹ Danach bekam sie seinen Bruder Abel. Abel wurde ein Schafhirt, Kain ein Landwirt*« (1. Mose 4,1-2).

»*Seid fruchtbar!*«, so wollte es Gott schon vor dem Sündenfall. Kain und Abel werden allerdings außerhalb des Paradieses geboren; Eva bringt sie unter Schmerzen zur Welt. Und Kain würde ihr weitere Schmerzen bereiten.

Aber der Reihe nach: Wenn ein Kind geboren wird, ist die erste Frage, wie es heißen soll. Vater Adam hat Erfahrungen im Vergeben von Tier- und Vornamen. Alle hat er sie benannt einschließlich seiner Frau. Jetzt sind die Kinder dran. Dem Älteren geben sie den Namen Kain, das heißt »Erworbenes« oder »Gewinn«. Den Kleinen rufen sie Abel, was »Hauch« oder »Nichtigkeit« bedeutet. Kains Name wird begründet: *»Ich habe einen Mann erworben, Jahwe«* (1. Mose 4,1). Bei Abel können wir nur vermuten: War er als zweiter nichts Besonderes mehr?[64] Oder deutet der Name vorausblickend auf die Vergänglichkeit, auf die Kürze des Lebens hin?

Berufsleben

Kain und Abel kommen mit 160 ins beste Teenager-alter. Sie werden zu Männern und haben nun, wie das üblich ist, einen Beruf zu erlernen. Der Ausbilder ist zugleich ihr Vater, der seine Jungs mit aufs Feld nimmt. Zur Lehre gehört auch die Theorie. Adam erklärt, dass Arbeit zum Schöpfungsauftrag Gottes gehört: *»Macht euch die Erde untertan! Herrscht über ... alle Tiere, die auf der Erde leben«* (1. Mose 1,28). Abel passt hier besonders gut auf und denkt gleich an seine wolligen Freunde, die Schafe. Er wird Hirte.

»Zur Nahrung gebe ich euch alle samentragenden Pflanzen und alle samenhaltigen Früchte von Bäumen – überall auf der Erde« (1. Mose 1,29). Hier passt Kain auf und beschließt daraufhin, Ackerbauer zu werden.

Arbeit an sich ist keine Strafe, keine Folge des Sündenfalls. Sie gehörte nach Gottes Vorstellung schon vorher zum Leben des Menschen dazu; er sollte den Garten bearbeiten und beschützen (1. Mose 2,15). Einen Job zu haben, ist kein Fluch, sondern Segen. Wenn du Spaß an einer Arbeit hast, dann tu sie, und freu dich an den Ergebnissen! Arbeit finden wir sogar unter den Zehn Geboten aufgeführt: *Sechs Tage sollst du arbeiten und all deine Arbeit tun* (2. Mose 20,9; Elberfelder Übersetzung) – das gehört genauso dazu wie das sogenannte Sabbatgebot. Für Faulenzer dagegen hat die Bibel kein gutes Wort übrig: *»Wer nicht arbeiten will, der soll auch nicht essen. Nun hören wir, dass einige von euch ein unordentliches Leben führen: Sie arbeiten nicht, sondern treiben sich nur herum«* (2. Thessalonicher 3,10-11). Drückeberger – nicht etwa Leute, die unfreiwillig arbeitslos sind – müssen sich sagen lassen:

Wenn du nix machst
und's geht dir schlecht,
geschied's dir recht.

Gott hat es schließlich selbst vorgemacht: In Kapitel 2, Vers 7 war er als Töpfer tätig, als er den Menschen aus Erde formte. In Kapitel 2, Vers 8 als Gärtner, als er einen Garten in Eden pflanzte. Nebenbei: Das Buch »Der Gotteswahn« war 2007 Auslöser für eine Fernsehdebatte zwischen dem Autoren und Biologen Richard Dawkins und dem Mathematiker John Lennox. Für Dawkins hat sich Religion spätestens seit der Evolutionstheorie erledigt. Der Garten der Natur sei auch ohne Märchenfeen und ohne Gärtner denkbar, so sein Argument. Lennox entgegnete, auf die Feen wolle er gerne verzichten, aber ein Garten ohne Gärtner widerspreche doch sehr unserer Erfahrung.[65]

Gott arbeitete also als Töpfer und als Gärtner; in Kapitel 3, Vers 21 als Schneider, als er Adam und Eva Leibröcke aus Fell machte – die waren warm und wegen der Scham ... Gut, inzwischen sollten wir eingesehen haben, dass auch wir uns ruhig die Finger schmutzig machen dürfen.

Es gibt aber auch Tage, die anstrengend sind. Tage, an denen sich Kain und Abel auf nichts anderes als auf die Pausen und den Feierabend freuen. Die Jungen fragen ihren Vati, warum die Arbeit oft so schwierig ist. Da muss Adam erklären, dass Gott den Erdboden aufgrund seines Ungehorsams verflucht hat: *»Mit Schweiß wirst du dein Brot verdienen«* (1. Mose 3,19). Vieles ursprünglich Gute ist durch die Sünde beschädigt worden.

Was ehrt Gott?

»Nach geraumer Zeit brachte Kain vom Ertrag seines Feldes Jahwe ein Opfer. Auch Abel brachte ihm ein Opfer, das Beste von den erstgeborenen Lämmern seiner Herde. Jahwe sah freundlich auf Abel und sein Opfer. Aber auf Kain und seine Opfergabe achtete er nicht. Da geriet Kain in heftigen Zorn und senkte finster sein Gesicht. Jahwe fragte ihn: ›Warum bist du so zornig? Was soll dein finsterer Blick? Hast du Gu-

tes im Sinn, dann heb den Kopf hoch! Wenn aber nicht, dann lauert die Sünde vor der Tür und will dich verschlingen. Aber du, du musst sie bezwingen.‹ Doch Kain sprach seinen Bruder an. Und als sie auf dem Feld waren, fiel er über Abel her und schlug ihn tot« (1. Mose 4,3-8).

Kain und Abel sind beide im Glauben erzogen worden. Beide geben Gott die Ehre, beide danken ihm – und das nicht nur mit Worten. Trotzdem sah der Herr »... *freundlich auf Abel und sein Opfer. Aber auf Kain und seine Opfergabe achtete er nicht«* (1. Mose 4,4-5). Ist das nicht ungerecht? Es scheint so. Aber bedenke, dass Gott die Dinge sieht, wie sie sind, und nicht so, wie sie scheinen. Er blickt sehr viel tiefer als wir. Darum kennt er auch Kains wahre Beweggründe. Die Tatsache, dass Menschen Gottesdienste besuchen und sich an gemeindlichen Aktivitäten beteiligen, ist noch längst kein Beweis dafür, dass sie wirklich gläubig sind. Sogenannte Namenschristen beschreibt der Apostel Paulus so: *»Sie geben sich zwar einen frommen Anschein, aber von der Kraft wahrer Gottesfurcht wollen sie nichts wissen«* (2. Timotheus 3,5).[66] Wörtlich steht da: Sie haben *eine Form der Gottseligkeit.* Stell dir ein Plüschtier vor, einen Hund, einen Hasen oder Hirsch. Die haben die Form eines Tieres, aber kein Leben. Es gibt massenhaft Leute, die sich zwar Christen nennen, aber kein Leben aus Gott haben. Das war schon immer so. Gott bringt zum Beispiel durch den Propheten Jesaja sein Bedauern über Israel zum Ausdruck: *»Dieses Volk* ist nur mit dem Mund nah bei mir, es ehrt mich mit den Lippen, aber sein Herz ist weit von mir fort. Ihre Gottesfurcht ist ohne Wert, weil sie nur auf angelernten, menschlichen Geboten beruht« (Jesaja 29,13-14).

Manche begründen Gottes Anerkennung Abel gegenüber damit, dass Abel im Gegensatz zu seinem Bruder ein Blutopfer bringt.[67] Ich vermute aber, dass es nicht so sehr an dem Opfer, als viel mehr an dem Opfernden liegt. Gott sieht zuerst den Menschen, dann erst das, was er bringt: *»Jahwe sah freundlich* (erstens) *auf Abel und* (zweitens) *sein Opfer. Aber* (erstens) *auf Kain und* (zweitens) *seine Opfergabe achtete er nicht«* (1. Mose 4,4-5). Erst der Opfernde, dann das Opfer. Sicher ist jedenfalls, dass Abel aus Glauben handelt (Hebräer 11,4) und dass Kains Taten böse sind, die seines Bruders aber gerecht (1. Johannes 3,12).

Meinst *du* in den Himmel zu kommen durch Gebete, Geldspenden und Gottesdienste? Meinst du, es würde Gott gefallen, wenn man Gott dient, Gott verehrt, oder Gott etwas opfert –, man müsse es nur ernst damit meinen? Jesus setzt dem etwas entgegen. Aussagen von Jesus und andere Stellen im Neuen Testament sprechen davon, dass man Gott lieben muss. *»Und wenn ich meinen ganzen Besitz zur Armenspeisung verwende, ja wenn ich mich selbst aufopferte, um verbrannt zu werden, aber keine Liebe hätte, nützte es mir nichts«* (1. Korinther 13,3). In den Kapiteln 12-14 des ersten Korintherbriefes geht es um Gaben. Kain ist reich an Gaben, aber arm an Liebe.

Welches ist das wichtigste Gebot, das Gott uns gab?

»Das wichtigste Gebot? ›*Seid fruchtbar und mehret euch*‹«, sagen manche – und gehen fröhlich an die Arbeit ... Aber das ist natürlich falsch. Das größte Gebot ist, Gott zu lieben und daneben auch seinen Nächsten. Das bestätigt uns der Herr Jesus persönlich (Matthäus 22,36-40). Liebe Gott! Diese Aufforderung kann dein wohlgeordnetes Bündel der Religiosität ganz schön durcheinanderwirbeln. Bisher hast du dein übersichtliches Paket an Moralvorstellungen, Gebeten und Frömmigkeit wohlsortiert mit dir herumgetragen. Und jetzt kommt plötzlich der Appell: »Liebe Gott!«

Ole Hallesby lehrte viele Jahre lang als Professor für Systematische Theologie in Oslo. Er schrieb in einem seiner Bücher von der Notwendigkeit, unsere Religiosität umzukrempeln. Den Menschen, der mit 1. Korinther 13 konfrontiert wird, beschreibt er so:

»Er liest täglich in der Bibel. Früher beruhigte ihn das. Aber nun kommt die peinliche Frage ›Liebst du Gott?‹. Du hast ja gar keine Lust, in der Bibel zu lesen, sondern bist froh, wenn du damit fertig bist. Zur Zeitung greifst du täglich mit Lust und Interesse, aber du musst dich zwingen, täglich in der Bibel zu lesen.

Er hört Gottes Wort, sogar regelmäßig. Früher fühlte er sich gerade bei seinem Kirchgang wohl. Aber jetzt kommen peinliche Fragen: ›Liebst du Gott wirklich, der du in der Kirche sitzt, dich langweilst und findest, es will gar kein Ende nehmen, und erleichtert aufatmest, wenn der Pfarrer endlich

Amen sagt, dass du hinaus kannst ins Freie?‹ ... Die Schrift bezeichnet die Bekehrung des religiösen Menschen als eine Bekehrung von toten Werken.«[68]

Ein äußerlich korrekt ausgeführter Dienst beeindruckt Gott wenig, wenn er nicht von Herzen kommt. Seinem Volk lässt Gott sogar mitteilen: *»Lasst eure nutzlosen Opfer! Euer Weihrauch ist mir ein Gräuel!«* (Jesaja 1,13). Die Religiosität Kains besteht aus nichts anderem als aus toten Werken, das heißt aus Handlungen, die nicht seinem Inneren entspringen, sondern die er teils aus Gewohnheit tut, teils aus Zwang.

1521 schrieb Martin Luther in seinem Traktat »Von der Freiheit eines Christenmenschen«:

»... ein Christenmensch ... bedarf keiner guten Werke[69], um rechtschaffen und selig zu sein, sondern der Glaube bringt ihm das alles im Überfluss. Und wenn er so töricht wäre und suchte durch ein gutes Werk rechtschaffen, frei und selig oder ein Christ zu werden, so verlöre er ... wie der Hund, der ein Stück Fleisch im Maul trug und nach dem Spiegelbild im Wasser schnappte, damit Fleisch und Spiegelbild verlor.«[70]

Martin Luther wies ständig auf den Wesensunterschied hin zwischen der selbstgewählten, anstrengenden Religiosität einerseits und dem freien, glücklichen Gottesverhältnis des Wiedergeborenen andererseits.

Eine Kette von Untugenden

Kain ist weder frei noch glücklich. Er lässt den Kopf hängen, heißt es. Gott sieht Abel und freut sich. Kain sieht Abel, und ihm wird übel. Kain heißt Kain, weil er ...

kain Verhältnis zu Gott hat,

kain Gott-angenehmes Opfer bringt,

kain Erbarmen mit seinem Bruder hat.

Eine Kurzschlusshandlung ist der Totschlag nicht. Der Mord unter freiem Himmel geschieht nicht aus heiterem Himmel, sondern er hat eine Vorgeschichte. Und in dieser Vorgeschichte spielt der Neid die Hauptrolle. Neid ist, wenn ich mit Missgunst auf den sehe, der vermeintlich mehr hat, als er verdient. Neid, sagt man, ist die einzige der sieben Todsünden, die nicht zu einer unmittelbaren Befriedigung führt.

Reden wir mal anstatt von Kain und Abel von Karin und Adelheid. Sie gehören zur selben Gemeinde oder gehen in dieselbe Klasse. Karin beneidet Adelheid, weil sie mehr Anerkennung von den anderen bekommt oder bei den Lehrern beliebter ist. Allerdings würde Karin ihren Neid niemals zugeben. Neid ist ein Tabu und braucht lange, um eingesehen zu werden. Statt ihn zu bekennen, wendet Karin auch noch Ironie an: »Ich will gar nicht so beliebt sein.« Oder: »Die schleimt wieder mal herum ...«

Diese alten biblischen Texte sind ziemlich aktuell, oder? Der Jugendpfarrer Theo Lehmann sagte in einer Predigt:

»Es soll mir ... keiner erzählen, die Geschichte von Kain und Abel wäre eine verstaubte Story aus der Frühgeschichte der Menschheit. Die spielt sich heute noch ab, und wir alle spielen mit. Ich sage: wir alle. Denke nicht, du bist fein raus, weil du noch keinen erschlagen hast. Das Töten geht schon viel eher los. Es gibt Seelenmord ... Rufmord ... Und du hängst in diesem mörderischen Spiel schon drin, wenn du hasst, Böses wünschst, Gewalt anwendest.«[71]

Die Sünde vor der Tür

Das Ganze setzt eine gefährliche Kettenreaktion in Gang: Neid, Zorn, gesenktes Haupt, erhobene Hand ... Gott sagt: *»Warum bist du so zornig? Was soll dein finsterer Blick? Hast du Gutes im Sinn, dann heb den Kopf hoch! Wenn aber nicht, dann lauert die Sünde vor der Tür und will dich verschlingen. Aber du, du musst sie bezwingen.«* Wörtlich: *»... du aber sollst über sie herrschen«* (1. Mose 4,7).

Kennst du das Buch *Farm der Tiere* von George Orwell? Da ergreifen Tiere die Herrschaft über den Menschen. Das gibt es natürlich nicht in echt. Es ist in Wirklichkeit genau anders herum, nämlich so, wie Gott es sagt: *»... herrscht (ihr) ... über alle Tiere, die sich auf der Erde regen!«* (1. Mose 1,28). Auf die Sünde bezogen, benutzt er genau die gleichen Worte: *»... du aber sollst über sie herrschen!«* (1. Mose 4,7; beides Elberfelder Übersetzung).

Herrscht über die Tiere!

Herrscht über die Sünde!

So wie es die Orwellsche Tierherrschaft nicht gibt, muss es die Sündenherrschaft auch nicht geben.

Sag nicht: »Ich kann mich nun mal nicht beherrschen.« Mit so einer Entschuldigung kann man es sich recht leicht machen. Gott sagt: »Du sollst über die Sünde herrschen.« Wenn er das sagt, dann muss es auch gehen. Er fordert nichts, was nicht auch funktionieren kann. Und er fordert erst recht nichts ohne die entscheidende Voraussetzung: Jesus Christus, den Sieger über die Sünde. Der aus London stammende Buchautor und Journalist Gilbert Keith Chesterton (1874-1936) bemerkte:

>»Das Problem des Christentums ist nicht, dass es versucht und zu armselig befunden wurde, sondern dass es für schwierig und unversucht gelassen wurde.«[72]

Du musst nicht jeden reinlassen, der an deine Tür klopft. Dass die Sünde permanent versucht, uns rumzukriegen, das erleben wir alle. Es ist schrecklich: Du öffnest ihr nur einen Spalt weit, da wird sie schon unverschämt. Sie wird versuchen, dir alle möglichen Vorteile aufzuschwatzen und dir ihre Werbeflyer durch sämtliche Ritzen reinzudrücken. Wenn aber Jesus bei dir wohnt, wie es in dem schönen Lied *Jesus in my House* von Judy Bailey heißt, dann sieht die Sache anders aus. Dann kannst du doch ihn an die Tür schicken, wenn die Sünde wieder einmal um Einlass bittet. Mit Jesus ist Sünde bezwingbar. Versuche es mal!

Kain ist, wie die meisten Schläger, ein Schwächling, der sich nicht im Griff hat. Er liebt weder Gott noch seinen Bruder. Er lässt seinen Neigungen freien Lauf; und so rechnet er mit Abel ab. Unfassbar, wozu ein Mensch fähig ist! Kain ist *»abrechnungsfähig«*, und dabei ist er voll zurechnungsfähig. Das heißt, die Verantwortung für seine Tat, die trägt ausschließlich er und niemand sonst. Das ist es, was Gott ihm nun bewusst machen muss:

»Da sagte Jahwe zu Kain: ›Wo ist Abel, dein Bruder?‹ Der entgegnete: ›Ich weiß nicht. Bin ich etwa sein Aufpasser?‹ – ›Was hast du da getan!‹, erwiderte Gott, ›Hörst du nicht das Blut deines Bruders aus dem Ackerboden zu mir schreien? Verflucht sollst du sein, verbannt vom Ackerboden, den du mit dem Blut deines Bruders getränkt hast! Wenn du ihn künftig bebaust, wird er dir keinen Ertrag mehr bringen. Als ruheloser Flüchtling wirst du auf der Erde umherirren.‹ Da sagte Kain zu Jahwe: ›Die Strafe ist zu schwer für mich. Ich werde sie nicht ertragen können. Du vertreibst mich vom fruchtbaren Land, und auch vor dir muss ich mich verstecken. Als ruheloser Flüchtling werde ich umherirren, und jeder, der mich sieht, kann mich ungestraft töten.‹ – ›Nein‹, erwiderte Jahwe, ›ich ordne an: Wer Kain erschlägt, wird siebenfach bestraft!‹ Und er machte ein Zeichen an Kain, damit niemand es wagen

*würde, ihn zu erschlagen, wenn er ihm begegnete. So
verließ Kain die Nähe Jahwes und siedelte sich östlich
von Eden an, im Land der Heimatlosigkeit, in Nod.
Auch Kain schlief mit seiner Frau. Nun wurde sie
schwanger und gebar Henoch«* (1. Mose 4,9-17).

»Bauer sucht Frau«

Ich nehme eine Frage vorweg – die Mutter aller Bibel-
fragen: »Woher hatte Kain seine Frau?« Lass uns einen
kleinen Exkurs machen. Es soll nicht der Eindruck
entstehen, die Bibel wäre unlogisch. Das Problem ist,
dass Leute, die die Frage nach Kains Frau stellen, den
Text entweder nie gelesen oder aber nur überflogen
haben wie so mancher Hochgeschwindigkeitsleser. Es
ist kaum möglich, die Bibel diagonal zu lesen und
trotzdem ausgewogene, (waag)rechte Einsichten zu
erlangen. Wer schnell liest, liegt schnell falsch.

Hier sind es vor allem zwei Irrtümer, denen viele
aufsitzen. Der erste Irrtum hat mit einer älteren Übersetzung von Vers 17 zu tun. Der zweite Irrtum besteht
darin, dass viele meinen, Adam und Eva hätten nur
zwei Söhne als Kinder gehabt.

Irrtum: »Er erkannte seine Frau«

Vers 17 wird in den alten Übersetzungen wiedergegeben mit: *»Und Kain erkannte sein Weib ...«* (so Luther). Das klingt wie: Er lernte sie kennen. Aber das

steht ja nicht da, sondern es heißt: Er *er*kannte sie. Das bedeutet, dass Kain mit seiner Frau geschlafen hat. *»Und Kain erkannte sein Weib, die ward schwanger ...«* Die gleiche Formulierung findet sich in Vers 1: *»Und Adam erkannte sein Weib Eva, und sie ward schwanger und gebar den Kain ...«* (ebenfalls Luther). Also, Kain hat seine Frau bereits mit in das Land Nod genommen, wo die beiden eine Familie gründeten. Er hat sie keineswegs erst dort kennengelernt. Mitnichten. Und wer war dann diese Frau? Nun, Kain lebte eben nicht nur zusammen mit seinen Eltern und einem Bruder, sondern auch mit Schwestern und mit Nichten.

Irrtum: Wie viele Kinder hatten Adam und Eva?

Das andere, was man bei genauem Hinsehen entdeckt, ist, dass Kain mehrere Geschwister hatte, aus denen (oder aus deren Kindern) er seine Frau aussuchen konnte. Namentlich werden die uns zwar nicht alle vorgestellt, aber es heißt: *»Nach der Geburt Sets lebte Adam noch 800 Jahre und zeugte weitere Söhne und Töchter ...«* (1. Mose 5,4).

Das erste Elternpaar hatte in den über 900 Lebensjahren (überleg mal, wenn die auch mit 65 in den Ruhestand gingen, dann hatten die wenigstens noch was davon ...) viele Söhne und Töchter; unter denen kam es – notgedrungen – zu lauter Geschwisterehen, was biologisch am Anfang kein Problem dargestellt hat. Bald aber waren so viele Menschen da, dass Ehen unter Geschwistern nicht mehr nötig waren; später wurden sie vom Schöpfer sogar ausdrücklich verboten (s. 3. Mose 18,6-17).[73]

Dass Verwandte einander heirateten, war auch noch zu Zeiten Abrahams völlig normal. Sarai, Abrams Gattin, war die Tochter seines Vaters Terachs – aber nicht die Tochter seiner Mutter (1. Mose 11,31 und 20,12). Als Abram dem Pharao gegenüber behauptete: »*Sie ist meine Schwester*« (1. Mose 12,13 und 19), war das eine Halbwahrheit, weil sie erstens wirklich seine Halbschwester war und zweitens zugleich auch seine bessere Hälfte.

Ich meine, es wurde Zeit, dass wir nach all den Jahrtausenden, seit es die Bibel gibt, diese Frage hiermit nun endgültig geklärt haben!

Wo ist dein Bruder?

Zurück zu dem eigentlichen Geschehen: Nach dem Verbrechen Kains zieht Gott ihn zur Rechenschaft: »*Wo ist Abel, dein Bruder?*« (1. Mose 4,9). Die erste Antwort Kains ist gelogen: »Ich weiß es nicht. Mein Name ist Hase.« (Adam hätte gewusst, dass der Name »Hase« schon vergeben war.) Die zweite Antwort ist einfach nur frech: »Bin ich etwa sein Kindermädchen? Bin *ich* vielleicht für den verantwortlich?«

Die Antwort ist: Ja. Du bist verantwortlich für deinen Bruder und für deine Mitmenschen allgemein. Wenn Gott *dich* fragt: »Wo ist dein Bruder?«, dann meint er damit vielleicht deinen Schulkameraden. Wenn du selbst errettet bist und dir die herrliche Zusage gilt, dass du in den Himmel kommst, dann ist es deine und meine Aufgabe, andere dorthin mitzunehmen; zumindest sie davor zu warnen, ohne Vergebung der Sünden in die Ewigkeit zu gehen. Ein ernster Vers dazu findet sich im Alten Testament: *»Wenn ich also zu dem Schuldigen sage: ›Du musst sterben!‹, und du hast ihn nicht gewarnt, ihn nicht von seinen schlimmen Wegen abgebracht, du hast ihm nichts gesagt, um sein Leben zu retten – dann wird er zwar sterben, wie er es verdient hat, aber dich ziehe ich für seinen Tod zur Rechenschaft!«* (Hesekiel 3,18).[74] Natürlich sind wir nicht Hesekiel. Aber zu denken geben sollten uns diese Worte schon.

»Hörst du nicht das Blut deines Bruders aus dem Ackerboden zu mir schreien?« (1. Mose 4,10). Theo Lehmann denkt hier auch an Menschen, die unschuldig leiden müssen:

»Für unsere menschlichen Ohren hat unschuldig vergossenes Blut keine hörbare Stimme. Aber für Gott ... Die Erde unseres Planeten ist blutgetränkt, und niemand weiß die Zahl der Verbrechen. Aber Gott weiß Bescheid. Es gibt keine Tat, über die er nicht Rechenschaft fordert. Gott ist der Anwalt der Wehrlosen und Verfolgten, der Rächer aller Menschen, denen Unrecht geschehen ist. Weil *Gott* Rächer ist, brauchen *wir* uns mit der Rache nicht zu befassen, sondern können sie getrost ihm überlassen. Für uns genügt als Trost zu wissen: Kein Tropfen

Blut und keine Träne, die in einer finsteren Zelle ohne Zeugen zur Erde gefallen ist, ist Gott entgangen, und keiner der Schuldigen wird seiner Strafe entgehen. Das ist aber ... Sache von Gottes Gericht.«[75]

Lehmann betont schließlich, dass es Gott mehr auf Vergebung als auf Vergeltung ankommt. Deshalb schützt er bis zum Gericht sogar den schuldig gewordenen Menschen so wie hier den Kain.

Ein geheimnisvolles Zeichen

Kain ist zum Schwerverbrecher geworden. Gott legt das Strafmaß fest: Verbannung. Doch anstatt dass Kain ein Bekenntnis *ab*legt, *über*legt er, wie schlimm die Konsequenzen für ihn sind. Wie ein Fußballer, dem die rote Karte vor die Nase gehalten wird, fängt er an zu betteln: »Die Strafe ist zu hart!« Doch es hilft nichts: Er wird vom Platz gestellt.

Aber damit ist seine Geschichte noch nicht zu Ende. Gott sei Dank – auch im Blick auf uns. Gott markiert den Verbannten und schützt ihn so vor den Verwandten: *»Und er* (Jahwe) *machte ein Zeichen an Kain, damit niemand es wagen würde, ihn zu erschlagen, wenn er ihm begegnete. So verließ Kain die Nähe Jahwes und siedelte sich östlich von Eden an, im Land der Heimatlosigkeit, in Nod«* (1. Mose 4,15-16). Ob dieses geheimnisvolle Zeichen einer Tätowierung glich oder einem auffälligen

Muttermal, wie es aussah und ob es an der Stirn oder sonst wo angebracht war, all das wissen wir nicht. Für Kain jedenfalls ist es die Möglichkeit weiterzuleben. Und heute? Heute gibt Gott dir eine Chance. Und wie das Zeichen *dafür* aussieht, das wissen wir: Es ist das Kreuz, an dem Jesus hing. Auch er ist ein Ermordeter, dessen Blut zum Himmel schreit. Aber sein Blut schreit nicht nach Rache, sondern nach Vergebung.[76]

Das Blut Abels schreit nach Gericht und Gerechtigkeit, und dieser Schrei hallt durch die Geschichte bis in das letzte Buch der Bibel hinein, wo die Märtyrer sagen: *»Du heiliger und wahrhaftiger Herrscher! Wie lange dauert es noch, bis du unser Blut an den Bewohnern der Erde rächst und sie richtest?«* (Offenbarung 6,10). Nochmal: Abels Blut schreit: »Gericht«. Und Gott *wird* richten, weil er heilig ist. Und ... er tat es bereits, als Jesus starb. Für uns. An unserer Stelle. Jesus Christus vergoss sein Blut. *»Dieses Blut redet viel besser als das Blut Abels«* (Hebräer 12,24)[77] ... Es ruft allen, die es hören wollen, das Angebot der Vergebung zu.

Das Kreuz, an dem Jesus für uns starb, ist *unser* Rettungszeichen – es schützt uns für alle Zeiten vor der Strafe, die auch wir als Sünder verdient hätten. Gott gibt dir ein Zeichen:

»Wegen dieses Zeichens können Verbrecher weiterleben, ohne auf der Stelle tot umzufallen. Wegen dieses Zeichens können die Kains ihren Weg gehen ... Wegen dieses Zeichens haben auch wir alle noch eine Chance.«[78]

Das Kreuz ist keine Kurzschlusshandlung gewesen, sondern Gottes lang gehegter Plan. Und mit dem Zeichen des Kreuzes macht Jesus dem Teufel nicht nur Konkurrenz, sondern dort am Kreuz hat er ihn triumphal besiegt.

Kapitel 5

Weltuntergangs-(be)stimmung

Die Sintflut überlebt
1. Mose 6,1–7,24

Der Religionslehrer schildert den Kindern die Apokalypse: »Der Sturm wird die Dächer wegfegen, Flüsse werden über die Ufer treten und Blitz und Donner werden über die Menschheit hereinbrechen!«

Fragt ein Schüler: »Werden wir bei dem Sauwetter Unterricht haben?«

Nun, sollten wir den Weltuntergang miterleben, wird es dabei sicher nichts zu lachen geben. Das Lachen dürfte auch den Zeitgenossen, den Nachbarn und Kollegen des alten Noah vergangen sein; spätestens, als sich der von ihnen mit einem bedauernden »Auf Nimmerwiedersehen« verabschiedet, er sich an Bord seiner Arche begibt und die ersten schweren Wolken aufziehen.

Lauter böse Menschen

»Jahwe aber sah, wie groß die Bosheit der Menschen auf der Erde war. Ihr ganzes Denken und Streben, alles, was aus ihrem Herzen kam, war immer nur böse. Da beklagte Jahwe es, den Menschen erschaffen zu haben, und es schmerzte ihn bis in sein Innerstes hinein. Er beschloss: ›Ich werde den Menschen, den ich geschaffen habe, vom Erdboden wegwischen, samt dem Vieh, den Kriechtieren und Vögeln, denn ich bedaure, sie gemacht zu haben.‹ Nur Noah fand Gnade vor Jahwe« (1. Mose 6,5-8).

Seit Adam bevölkern inzwischen neun fruchtbare – aber auch furchtbare – Generationen die Erde. Kaum haben wir einen Moment nicht hingeschaut, geht es drunter und drüber in der Welt. Auf welche genaue Anzahl sich die Menschheit inzwischen vermehrt hat, ist nicht feststellbar. Was Gott dagegen feststellen muss, ist etwas ganz anderes. Ihn beschäftigt weniger die Menge der Erdenbürger, sondern viel mehr der sich immer weiter steigernde Grad ihrer Sünden.

Mit dem Ungehorsam des ersten Menschenpaares fing es an. Überboten wurden Adam und Eva von ihrem ältesten Sohn Kain, der sich in seinem gesenkten Haupt das Gewaltverbrechen ausgedacht hatte. Diese Mordssünde ist kaum zu überbieten, meinst du? Irrtum! Die Tradition Kains wird von einem gewissen Lamech nicht nur fortgesetzt, sondern noch gesteigert. Er tötet, prahlt damit und droht mit entsetzlichen Vergeltungsschlägen

(1. Mose 4,23-24). Es ist an dieser Stelle kaum vorstellbar, dass die Menschen ursprünglich mal nach dem Abbild Gottes erschaffen wurden. Ursprünglich! *Adam war im Bilde Gottes gemacht*, wie in Kapitel 5, Vers 1 noch einmal betont wird: *»Als Gott den Menschen schuf, gestaltete er ihn nach seinem Abbild.* Zwei Verse später heißt es: *Als Adam 130 Jahre gelebt hatte, zeugte er einen Sohn namens Set, der ihm wie SEIN Ebenbild ähnlich war«* (1. Mose 5,3). Set war Adam ähnlich; die *Gott*ähnlichkeit konnte Adam offensichtlich nicht mehr in dem Maße weitergeben, wie er sie selbst einst besessen hat.[79]

Die Lawine von Sünde nimmt weiter an Fahrt auf und an Zerstörungskraft zu. Was nun geschildert wird, ist unfassbar. Es ist beispiellos und lässt Fragen offen. Irgendwelche Wesen aus der unsichtbaren Welt gehen lustvolle Beziehungen zu Frauen ein – Göttersöhne zu Menschentöchtern (1. Mose 6,1-4). In diesem Zusammenhang werden Riesen erwähnt, Übermenschen. Das Resultat des Menschen ohne Gott ist der Übermensch. Übermenschen erkennen über sich niemanden mehr an – selbst Gott nicht. Sie setzen sich über alles hinweg, zum Beispiel über alle Gesetze.[80] Man gibt sich hemmungslos, gesetzlos, zügellos – da ist wirklich schwer was *los*. Die Diagnose über die Menschen damals ist an Klarheit nicht zu überbieten: *»Ihr ganzes Denken und Streben, alles, was aus ihrem Herzen kam, war immer nur böse«* (1. Mose 6,5).

Wo Gott verdrängt wird, nehmen Eigenwille und Bosheit zu; selbst dann, wenn es auf den ersten Blick gar nicht so böse aussieht. Der amerikanische Theologe und Erweckungsprediger Jonathan Edwards (1703-1758) vertrat die These, dass die menschliche Gesellschaft früher oder später auseinanderbricht, wenn etwas anderes als Gott unsere größte Liebe ist:

»Wenn unser höchstes Ziel im Leben im Wohl unserer Familie besteht, werden wir uns entsprechend wenig um andere Familien kümmern. Wenn unser höchstes Ziel das Wohl unserer Nation oder Rasse ist, werden wir rassistisch oder nationalistisch werden. Wenn wir als höchstes Ziel unser persönliches Glück sehen, werden wir unsere eigenen ... Machtinteressen vor die der anderen setzen. Nur dann, wenn Gott unser *summum bonum* (höchstes Gut) ist, wird unser Herz sich Menschen aus allen Familien, Rassen und Klassen, ja der ganzen Welt öffnen.«[81]

Was gefährdet unsere Generation heute am meisten? Der Islam? Nein. Auch nicht der Islamismus. Vielmehr sollten wir uns an unsere eigene Nase fassen. Der Publizist Peter Scholl-Latour mahnt eindringlich:

»Ich fürchte nicht die Stärke des Islam, sondern die Schwäche des Abendlandes. Das Christentum hat teilweise schon abgedankt. Es hat keine verpflichtende Sittenlehre, keine Dogmen mehr.«[82]

Mensch, würde der Mensch doch mehr aus der Geschichte lernen: Auf Gottlosigkeit folgt Ausschweifung, und auf Ausschweifung der Untergang – in den Wassern einer Flut oder auf andere Weise. Warum ist das mächtige Römische Reich untergegangen? Der britische Historiker Edward Gibbon (1737-1794) ließ keinen Zweifel aufkommen: Die Römer waren schlaff geworden, erst im Kopf, dann in den Armen. Das Problem in unserer heutigen Gesellschaft ist nicht irgendeine Bedrohung von außen, es ist die eigene Gleichgültigkeit; so, wie es der Fernsehjournalist Markus Spieker treffend beschreibt:

»Die gefährlichsten Barbaren stehen nicht vor der Tür, sondern dahinter, in unseren eigenen Reihen: Schund-Produzenten mit Zuhältermoral, denen wir die Lufthoheit über die Kinderbetten überlassen ... Deutschland ist dick und geil geworden.«[83]

Berührt es dich, wenn du feststellen musst, wie sehr diese Schilderung auch auf uns heute zutrifft: *»Die Erde war vollkommen verdorben, denn alle Menschen waren vom rechten Weg abgekommen«* (1. Mose 6,12)? Das scheint mir nicht allein eine Beschreibung der Welt vor der Sintflut zu sein. Sie trifft generell auf Menschen zu, die die Regeln und Maßstäbe Gottes in den Wind schlagen. Der englische Philosoph Sir Thomas Browne (1605-1682) sagte:

»Dass einst eine Sintflut war, scheint mir kein so großes Wunder zu sein wie dies, dass nicht immer eine ist.«[84]

Es ist gut, dass die Bibel so ehrlich ist. Sie konfrontiert uns offen mit dem beunruhigenden Befund: Wir Menschen sind böse, kaputt, krank, nicht heil; wir sind erlösungsbedürftig.

Der leidende Gott

Zuerst hat uns der Text also wie auf einem Röntgenbild gezeigt, was sich im Herzen von Menschen – und nehmen wir es ruhig persönlich: in *unserem* Herzen – abspielt (1. Mose 6,5). Und im gleichen Atemzug bekommen wir zudem Einblick in das Innere Gottes: *»Da beklagte Jahwe es, den Menschen erschaffen zu haben, und es schmerzte ihn bis in sein Innerstes hinein«* (1. Mose 6,6). Was wir über das Menschenherz erfahren, erschreckt uns und was wir über Gottes Herz erfahren, erstaunt uns.

Es wird uns hier kein unkontrolliert wütender Gott gezeigt, der sein zugrunde gewirtschaftetes Werk *einfach so* wieder kaputtmacht und alles in riesigen Wassermassen ersäuft ... Wenn wir über Gott und seine Beweggründe nachdenken, gehen wir schnell von uns selbst aus. Das menschliche Herz unterscheidet sich jedoch vom göttlichen deutlich. Im Inneren Gottes kocht weder eine gesalzene Wutsuppe noch ein giftiger Vergeltungstrank. Er veranlasst die Sintflut auch nicht aus dem Affekt heraus – das wäre alles andere als göttlich. Nein, man hört hier ein tiefes Seufzen Gottes, was auch der Bedeutung des hebräischen Wortes *nacham* gerecht wird[85], das oben mit »beklagte« wiedergegeben ist (in anderen Übersetzungen heißt es: *Und es reute den HERRN ...* – 1. Mose 6,6; Elberfelder-Übersetzung). Theo Lehmann beschreibt die Tragödie der Sintflut so:

> »Da wird unsagbar gelitten, da leidet der Mensch, da leidet das Tier, da leidet die Pflanze, da leidet die ganze Kreatur. Aber der Haupt-Leidtragende ist nicht der Mensch, nicht die Schöpfung, sondern der Schöpfer. Es bricht Gott das Herz, wenn er sieht, wie der Mensch seine Gebote bricht. Und es macht ihn fertig, wenn er sieht, was der Mensch aus seiner Freiheit macht.«[86]

Von Anfang an – seit dem Garten Eden – hat Gott es *uns* überlassen, ob wir ihm gehorsam sind oder nicht. Der Mensch hat einen freien Willen – und das wollen wir ja auch so. Wer will schon von oben ferngesteuert oder programmiert sein? Leichter zu »handhaben« sind willenlose Wesen natürlich. Es besteht wenig Zweifel daran, dass Gott sich so eine Menge Ärger erspart hätte. Er hätte souverän entscheiden können: »Ich mache sie willenlos, dann werden sie niemals unwillig.« Aber überleg mal: Ihm wäre so auch nie Liebe von Menschen entgegengebracht worden. Denn Liebe, die Gott sich so sehr von uns wünscht (denke an das vorherige Kapitel), beruht nun einmal auf Freiwilligkeit.

Helmut Thielicke erinnert daran, dass Gott den Menschen gegenüber den Karpfen, den Spatzen und den Rehen hervorgehoben hat. Sie alle könnten nicht darüber entscheiden, ob sie Fische, Vögel oder Säugetiere werden wollen.

»Dem Menschen aber ist die Chance gegeben und die Last auferlegt, selbst zu entscheiden, ob er ein Mensch oder ein Unmensch sein will, ob er seine Bestimmung verwirklichen oder aber sie sabotieren will. Gott will ... einen lebendigen Menschen, der das Zeug hat, ihm sein Herz zu schenken, aber auch als Rebell wider ihn aufzustehen und ihm ... den Kram vor die Füße zu werfen vermag.«[87]

Gott war ohne Frage ein Risiko eingegangen, als er die Menschen so gemacht hatte, wie sie sind. Und nun, da der Mensch die Gottlosigkeit und Unmenschlichkeit wählt, leidet Gott an Herzschmerz. Er fühlt mit. Und das nicht erst, als die Wasserpegel steigen, sondern seine Schmerzen hatten längst schon eingesetzt, als die Anzahl der Verbrechen anfingen, ins Unermessliche zu steigen. Der Sintflut war eine Flut von Überheblichkeit, Perversion und Kriminalität vorausgegangen. Weil sich die Menschen nicht mehr um Gott und seinen Willen kümmern, bekümmert es das Herz Gottes.

Erbsünder

Du fragst dich vielleicht: »Was kann ich dafür? Ich bin nun mal in diese verdorbene Welt hineingeboren. Ich bin ein Opfer der Umstände. Ausgesucht hab ich mir den Zustand nicht, in dem ich lebe.« So wirklich böse oder mitschuldig fühlst du dich nicht – und ich verstehe, was du meinst. Nie hast du bewusst gegen Gott rebelliert. Du hast zu leiden unter den Fehlern, die Adam und Eva gemacht haben. So, wie Alexander Garth es ausdrückt:

>»Die Entfremdung von Gott ist nicht unsere Entscheidung, sondern unsere Wirklichkeit, für die wir persönlich nichts können. Die Trennung von Gott war nicht unsere Wahl, sie ist unser Schicksal.«[88]

Dann geht Garth auf ein Wort ein, das die christliche Tradition für diesen Zustand gefunden hat: Erbsünde. Der Begriff ist genauso wichtig wie missverständlich. Der Vergleich, den Alexander Garth gebraucht, um die Sachlage zu klären, hilft weiter: Im alten Russland wurden Verbrecher oft nach Sibirien verbannt. Dort mussten sie den Rest ihres Lebens in Strafgefangenenkolonien verbringen. Zwischen ihnen und dem heimatlichen Petersburg, oder wo auch immer sie herstammten, lagen Tausende Kilometer Wildnis. Die Verbannten konnten ihre Frauen mitnehmen, sodass im fernen Sibirien viele Kinder in jenen Lagern zur Welt kamen. Sie wuchsen in der Verbannung auf, fern ihrer eigentlichen Heimat, dem schönen Petersburg. Das war nie ihre Wahl. Das war ihr Schicksal. Wenn sie allerdings mündig wurden, konnten sie die Verbanntenkolonie verlassen. Sie waren frei. Aber sie mussten zwei Dinge begreifen.

Erstens: »Die Verbannung ist nicht meine Heimat, obwohl ich hier aufgewachsen bin.« Es ist schwierig, das einzusehen. Wenn wir hinter Stacheldraht aufwachsen, wird das Leben hinterm Stacheldraht unser Zuhause.

Zweitens: »Ich muss mich aufmachen und umkehren. Ich muss bereit sein, die Gefangenschaft zu verlassen und ein neues Leben in der Freiheit anzufangen.«[89]

Du und ich, wir haben ein unschönes Erbe bekommen. Adam und Eva haben uns kein Vermögen, sondern Schulden hinterlassen. Seit dem Sündenfall ist ausnahmslos jeder Mensch in Sünde geboren worden. Das ist Fakt. Aber abfinden musst du dich mit deinem Schicksal nicht. Die Straße, auf der du zurück in die Gemeinschaft mit Gott kommst, hat einen Namen: Jesus Christus.

Noah – gern gesehen bei Gott

Jetzt setzt es was. Zuerst setzt Gott das Lebensalter auf 120 Jahre herunter (1. Mose 6,3), dann setzt er die Gerichtsandrohung von Vers 7 um und damit die Welt unter Wasser. Das folgende Kapitel erzählt von dem Super-Gau, der größten anzunehmenden Katastrophe. Nie zuvor oder danach ist ein Desaster solchen Ausmaßes über die Menschheit hereingebrochen. Die Betonung allerdings liegt beim Bericht über die Sintflut nicht auf der Fantasie des Schreckens, wie mittelalterliche Maler sie gerne anregten. Im Text werden keine

Abschiedsszenen geschildert, keine weinenden Mütter, keine Qualen des Ertrinkens – all das ist nur mit wenigen Strichen angedeutet. Das eigentlich bemerkenswerte ist: *Noah fand Gnade vor Jahwe* (1. Mose 6,8). Natürlich hat Gott die Sintflut beschlossen und bewirkt, aber im selben Moment beschließt er auch die Rettung, er beschließt die Arche. Zu jenem Mann Noah sagt Gott – sein Herz noch immer von Liebe und Schmerz zusammengekrampft:

»Ich habe beschlossen, Mensch und Tier zu vernichten, denn durch sie ist die Erde von Gewalttat erfüllt. Baue dir eine Arche, einen Kasten aus Tannenholz! Teile ihn in mehrere Räume ein und dichte ihn innen und außen mit Asphalt ab! Er soll 131 Meter lang sein, 22 Meter breit und 13 Meter hoch« (1. Mose 6,13-15).

Wer ist Noah? Zunächst erfahren wir nichts weiter als seinen Vornamen und wer seine Vorfahren waren (1. Mose 5,28-32) und somit wenig über seine Vorgeschichte oder irgendwelche Vorhaben. Warum hat Gott gerade ihn in den Blick genommen? Wir wissen eigentlich nur, dass auch Noah in der »Verbannung« geboren und aufgewachsen ist. Und auch er hätte es einfach hinnehmen können, nun mal von Gott getrennt zu sein. Doch er findet sich nicht damit ab, sondern er sucht nach Gott. Obwohl er Sünder ist, wie jeder andere Erdenbürger auch, findet er schließlich Gnade bei Gott.

Erst im weiteren Verlauf der Geschichte wird klar, was ihn so herausragen lässt. Weil er offen ist für den

Willen Gottes, deshalb redet Gott zu ihm. Und Noah hört. Nicht nur, dass er sich Gottes Worte anhört, wie irgendein Kleinbürger in der Kirche oder Gemeinde, nein, er ist gehorsam. Er ist sofort bereit umzusetzen, was Gott von ihm verlangt, auch wenn es noch so ungewöhnlich ist. Er baut bei strahlendem Sonnenschein, mitten auf dem Land, weitab von Flüssen und Meeren ein Schiff. Wäre Noah zwar ein anständiger, aber kein gehorsamer Mensch gewesen, hätte er gesagt: »Ich bin doch nicht blöd! Ich lass mich doch nicht vor allen Leuten zum Affen machen! Ein Schiff auf dem Trockenen?« Aber Noah fragt nicht danach, was üblich ist. Er ist nicht wie die anderen. Er erkundigt sich nach dem Willen Gottes und lässt sich dann Schritt für Schritt von ihm führen. *»Noah machte alles genauso, wie Gott es ihm befohlen hatte«* (1. Mose 6,22). Das ist der Grund, warum Gott sich von nun an auf Noah konzentriert; mit ihm will er nach der Flut neu anfangen. Noah liebt Gott und Noah gehorcht Gott.

Gehorsam ist eine Frage meines Willens. Ole Hallesby erklärt in seinem Buch *Unsere Kraft wächst aus der Stille*, dass der Glaube keine Sache von Gefühlen ist – sonst hätte er etwas Unbeständiges, Launisches an sich –, sondern eher des Wollens. Wenn es in der Bibel heißt: *»Glaube an Jesus, den Herrn!«* (Apostelgeschichte 16,31), dann ist das letztlich ein Appell an deinen Willen. Laut Bibel ist Unglaube und Ungehorsam im Grunde dasselbe:

»Der Ausdruck, der im griechischen Neuen Testament gebraucht wird, um Unglauben zu beschreiben, bedeutet im normalen Griechisch ›Ungehorsam‹. Wenn der Unglaube Ungehorsam ist, dann muss Glaube Gehorsam sein. Und beides, Gehorsam und Ungehorsam, ist eine Sache des Willens.«[90]

Noah und seiner Sippschaft soll das Gericht erspart bleiben, und auch von den Tieren will Gott eine Garnitur pro Sorte archivieren, damit es nach der Flut weitergehen kann.

Doch wie soll Noah eigentlich alle die Viecher zusammenbringen? Muss er sie einzeln einfangen; mit einem riesigen Netz durch die Steppe rennen, auf die Bäume klettern, um die verschiedensten Vogelnester zu leeren ...? Keineswegs. Darum kümmert sich Gott. Er lässt die Geschöpfe zu Noah *kommen* – und zwar freiwillig[91]: »*Von jeder Art der Vögel, der Land- und Kriechtiere soll je ein Pärchen in die Arche kommen, damit sie überleben können*« (1. Mose 6,20). Und so passiert es auch: »*Alle Lebewesen, alle, die Atem in sich hatten, waren paarweise zu Noah in die Arche gekommen*« (1. Mose 7,15).

Das ist bemerkenswert. Die Tiere *hören* auf Gott – ganz im Gegensatz zu den meisten Menschen. Jahrhunderte später lässt Gott durch den Propheten Jesaja sagen: »*Jeder Ochse kennt seinen Besitzer, jeder Esel den Fresstrog seines Herrn. Doch Israel begreift nicht, wem es gehört. Mein Volk hat keinen Verstand*« (Jesaja 1,3).

Noah hat Verstand, er hat einen Auftrag von Gott und hat ein gehorsames Herz. Außerdem hat er handwerkliches Geschick: Er spuckt in die Hände und verwandelt sogleich seine größte Schafweide in eine Schiffswerft. Tag und Nacht wird gesägt und gehämmert, bis der monumentale Frachter fertig ist.

Ein gigantisches Schiff

Über Noah und die Flut gibt es nicht allzu viel Gescheites zu lesen, und das obwohl man unglaublich viele Bücher darüber kaufen kann. Das aber sind zu 90 Prozent Bilderbücher für Kids ... Für die meisten ist die Story ein nettes Märchen, das man den Kleinen andrehen kann. In jenen Kinderbüchern wird die Arche in der Regel dargestellt als etwas, das mehr einer Nussschale ähnelt als einem Ozeanriesen. Elefant, Zebra und Giraffe stehen da dicht gedrängt nebeneinander, während ein alter Mann aus dem Fenster schaut und auf das Ende des Azorentiefs wartet. Dass man das Ganze mit dieser Vorstellung eher in die Kategorie von »Peterchens Mondfahrt« einordnet, statt es als historisches Ereignis anzusehen, wundert nicht.

Dabei gibt Gott Noah die genauen Maße für die Arche an: ca. 131 Meter sollte sie lang werden, 22 Meter breit und 13 Meter hoch[92] (1. Mose 6,15). Das ist groß. Sehr groß. Riesig. Sie ist 1,3-mal so lang wie ein Fußballfeld. In Vers 16 heißt es außerdem, dass Noah im Inneren des Schiffes drei Etagen einziehen soll, bevor er selbst einzieht. Die Arche hat bei den Maßen 131 mal 22 mal 13 Metern unter Berücksichtigung der drei Stockwerke eine Ladefläche von 8.646 Quadratmetern und ein Ladevolumen von 37.466 Kubikmetern. Damit ist die Arche alles andere als eine Nussschale.

Vergleichen wir das mal mit einem Eisenbahnwaggon: Die Deutsche Bahn benutzt für den Transport von Tieren übliche Güterwagen. Ein solcher Güterwagen hat folgende Maße: Länge: 12,7 Meter; Breite: 2,6 Meter; und Ladehöhe: 2,25 Meter. Das ergibt für einen Waggon die Ladefläche von 33 Quadratmetern und das Ladevolumen von 74,25 Kubikmetern. Die Kapazität der Arche entsprach also einer Ladefläche von 276 Güterwagen und einem Ladevolumen von sogar 552 Güterwagen (dauert lange, bis die alle am Bahnübergang endlich vorbeigerollt sind). Damit bot die Arche etwa 20.000 Tieren Raum, was, wie Dr. Henry Morris ausrechnete, immer noch viel Platz für Nahrung für Mensch und Tier (1. Mose 6,21) ließ.[93]

Von Fred Hartmann gibt es eine höchst interessante Studie: »Passten alle Tiere in die Arche-Noah?, Überlegungen und Berechnungen zur Ladekapazität der Arche«.[94] Falls du intellektuelle Zweifel an dem Bericht in 1. Mose 6–9 hast, solltest du die lesen.

Ein Vertrag mit Gott

Die größte Katastrophe trifft die Menschen nicht ohne Wenn und Aber. *Wenn* ein Mensch auf Gott hört, dann zahlt sich das aus. So ein Mensch lernt einen gnädigen und sogar großzügigen Gott kennen. Die Sintflut kommt – aber eben mit Wenn und Aber:

»Aber mit dir (Noah) *schließe ich folgenden Bund: Du sollst mit deiner Frau, mit deinen Söhnen und ihren Frauen in die Arche gehen«* (1. Mose 6,18).

An diesem Tag nimmt Gott erstmals das Wort *Bund* in den Mund. Dieser Tag ist sozusagen ein Bundestag. Der Bundesgedanke ist wesentlich im Blick auf Gottes Rettungsplan mit der Welt. Was ist das, ein Bund? Bund heißt, dass zwei sich zusammentun und eine Vereinbarung treffen. Je nach dem gehört dazu, dass beide Seiten alles einbringen, was sie haben. Beide Vertragspartner sagen: »Alles, was mir gehört – alle Schulden und alle Verbindlichkeiten –, gehört dir.« Beide Seiten! Glaubst du auch, dass Noah damals den besseren »Deal« gemacht hat? Und Abraham später ... hat nicht auch er – trotz seines materiellen Reichtums – das bessere »Geschäft« gemacht, als Gott mit ihm den nächsten Bund einging (1. Mose 15,18)? Und du? Kannst du dir nicht vorstellen, dass auch du die allergrößten Vorteile genießt, wenn du mit Gott auf der Grundlage des *neuen* Bundes[95] in Jesus Christus eine Beziehung eingehst? Ganz sicher. Ein Freund von mir, Afrim, ist im islamischen Glauben aufgewachsen. Vor ein paar Jahren durfte ich ihn mit Jesus bekannt machen. Wenn er heute mit anderen über das Evangelium redet, fragt er sie, was sie zu verlieren haben, wenn sie an Jesus glauben. »Du hast viel zu verlieren«, sagt Afrim dann. »Nämlich die ganze schwere Last deiner Sünden ... Dieselbe Frage habe ich mir damals selbst gestellt«, so der ehemalige Muslim. »Zu verlieren hatte ich nur die Sünden. Und der Sünde folgt der Tod.«[96]

Du hast die Wahl: die Bundestagswahl. *Entweder* du lebst nach dcm Motto: »Nach mir die Sintflut.« Das heißt, du passt dich der Welt an mit all ihren Gleichgültigkeiten und Gottlosigkeiten. – Ob und welche Folgen das hat, das magst du verdrängen, oder du versuchst, es zu ertränken (mit Alkohol). *Oder* aber du lässt dich auf den neuen Bund mit Gott ein, der gewissermaßen eine Parallele zu dem Bund mit Noah aufweist. Denn so wie Gott Noah damals die Arche bereitgestellt hat, hat Gott uns das Kreuz, an dem Jesus Christus starb, in diese Welt gestellt. Mit dem Kreuz hat Gott den denkbar höchsten Preis eingezahlt: *»Denn so hat Gott der Welt seine Liebe gezeigt: Er gab seinen einzigen Sohn dafür, das jeder, der an ihn glaubt, nicht zugrunde geht, sondern ewiges Leben hat«* (Johannes 3,16). Die Chance für Noah zu überleben, war sein Glaubensgehorsam. Deine Chance ist der Glaube an Jesus Christus. Wer sich auf ihn verlässt, der (über)lebt – und zwar ewig.

Kapitel 6

Noch mal von vorn!

Noahs Neuanfang
1. Mose 8,1–9,29

»Am Ende ist man immer genau dort, wo ein Anfang ist.« So sagte der Lyriker Wolfgang Schulze. Stimmt. In unserem Leben gerät schon mal manches aus den Fugen. Da läuft es in der Schule nicht oder im Job. Deine Freundschaft steht auf der Kippe. Oder das Schlimmste: Deine Beziehung zu Gott scheint erloschen zu sein. Du bist am Nullpunkt. Aber Moment mal! Eine Null ist nicht das Ende; sie steht in der Regel am Beginn einer Zahlenreihe. Vielleicht stehst du gerade vor einem neuen Anfang, du hast es nur noch nicht gemerkt. Die Chancen stehen jedenfalls gut an einem Nullpunkt. Wie schreibt der amarikanische Pastor und Autor Rick Warren so kurz und kernig: »Gott liebt es, aus Kreuzigungen Auferstehungen zu machen.«[97]

Neuanfänge sind etwas Herrliches. Pfarrer Gerhard

Naujokat blickt zurück und bringt die Sintflut mit dem Nationalsozialismus in Verbindung. Er nennt es mit Recht ein Wunder, dass es danach nochmal einen Neuanfang gab. Die Genesung von einer Krankheit kann so ein Neuanfang sein oder ein neuer Arbeitsplatz. Naujokat schreibt, dass Gott in dem ganzen Durcheinander unseres Lebens eine Arche bereit hat:

»Es ist wahrhaftig ein Geschenk, wenn es dann nach Wochen so etwas gibt wie ein grünes Blatt im Schnabel einer Taube und wir wieder Trockenes unter unseren Füßen spüren und einen ersten Schritt machen dürfen.«[98]

Ein neuer Anfang

Das erste Buch der Bibel, mit dem wir uns die ganze Zeit befassen, wird auch *Genesis* genannt. Genesis bedeutet »Geburt«, »Ursprung« oder »Entstehung«; das heißt, das erste Buch Mose ist das Buch der Anfänge. Es berichtet davon, wie das Leben begann, wie die Sünde in die Welt kam, wie das Volk Gottes gegründet wurde ... Alles geschah zum ersten Mal.

Genesis ist aber nicht nur das Buch der Anfänge, sondern auch das der Neuanfänge und neuen Chancen, ein Buch der Hoffnung. Das wurde schon ein paar Mal deutlich. Denk an Kapitel 3 zurück: Der Fall Sünde (auch Sündenfall genannt). Gott hatte gesagt: *»Ihr werdet sterben«* – Ende. Doch dann ertönte es wider

Erwarten fröhlich vor dem Garten: »*Adam gab seiner Frau den Namen Eva, Leben, denn sie sollte die Mutter aller lebenden Menschen werden*« (1. Mose 3,20) – Hoffnung. Oder Kapitel 4: Der Fall Brudermord. Gott überführt Kain und verurteilt ihn – Ende. Und dann plötzlich dieses sonderbare Zeichen einer neuen Chance (1. Mose 4,15) – Hoffnung. In Kapitel 5 heißt es acht-mal: »*... dann starb er*«. Die sterben alle in dieser Geschlechteraufzählung – wie deprimierend ... Allerdings bis auf einen Fall: nämlich Henoch, der in den Himmel entrückt wird (1. Mose 5,24) – Hoffnung. In Kapitel 6 (die Erde besteht schon seit über tausend Jahren) sagt Gott: »*Ich habe beschlossen, Mensch und Tier zu vernichten*« – Ende. Ist das jetzt endgültig? Auf keinen Fall ... »*Baue dir eine Arche!*« (1. Mose 6,13-14) – Hoffnung ...

Jedes Ende verbindet Gott mit einer neuen Hoffnung. Adam ist der Mann, der für den Anfang steht. Gott hat in der Schöpfungswoche das Land aus dem Wasser heraus für Adam und Eva gemacht. Noah dagegen ist der Mann, der für den *Neu*anfang steht – eine zweite Auflage sozusagen. Jetzt macht Gott aus dem Wasser der Sintflut heraus eine Erde für Noah und seine Familie.

Bist du Christ?[99] Du hast irgendwann einmal mit Jesus begonnen? Dann ist der Anfang gemacht. Erinnerst du dich, wie du seine Gnade begriffen und die befreiende Vergebung Jesu angenommen hast? Wie du ihm sagtest, dass du ihm folgen und dich für seine Sache einsetzen willst?

Dann aber verging einige Zeit.

Es ereigneten sich gewisse Zwischenfälle.

Jemand säte ein paar Zweifel ...

Wenn deine Jesusnachfolge blass geworden ist wie ein Seekranker, dann ist »Neuanfang« eventuell *dein* Thema.

Das siebte Kapitel berichtet von einem nie da gewesenen Regen. Es gießt ununterbrochen. Auch die Felsspalten »erbrechen« sich und die Flüsse treten über die Ufer. 40 Tage schüttet es – auch nachts. Es schwappt aus den Morasten, flutet aus sämtlichen Meeren, solange bis auf der Erde alles etwa wieder so ist wie am zweiten Tag der Schöpfung.

Vom Text in den folgenden zwei Kapiteln lässt sich eine dreiteilige Gliederung ableiten:

Erstens: *»Und Gott dachte an Noah«* (1. Mose 8,1).

Zweitens: *»Und Gott redete zu Noah«* (1. Mose 8,15).

Drittens: *»Und Gott segnete Noah ... und seine Söhne«* (1. Mose 9,1).

Das *und* signalisiert jeweils, dass es jetzt weitergeht. Und wie!

Und Gott dachte an Noah

»Und Gott dachte an Noah und an all die Wildtiere und das Herdenvieh, das mit ihm in der Arche war, und ließ einen Wind über die Erde wehen. Da zog sich das Wasser zurück, die Quellen der Tiefe und die

Schleusen des Himmels wurden verschlossen und der
Regen zurückgehalten. Allmählich verliefen sich die
Wassermassen. Im Lauf von 150 Tagen nahmen sie
immer mehr ab, und am 17. Tag des siebten Monats
setzte die Arche irgendwo auf dem Gebirge Ararat auf.
Das Wasser nahm immer weiter ab, sodass man am
ersten Tag des zehnten Monats die Bergspitzen sehen
konnte« (1. Mose 8,1-5).

Mit den Wassermassen liegt eine große Stille auf dem
Planeten. Wochen sind vergangen, seit der letzte Lun-
genatmer außerhalb der Arche aufgeben musste. Das
Erste, was endlich wagt, seine Gipfelmützen durch die
Wasseroberfläche zu strecken, ist tote Materie. – Die
Spitzen der Berge[100] werden sichtbar (1. Mose 8,5). Am
Rande bemerkt: Wenn dieses Kapitel neue Hoffnung in
dir wecken sollte, dann ist das nur die Spitze eines
Berges. Der größte Teil dessen, was Gott für dich bereit
hält, liegt noch unter der Oberfläche; ist im Moment
noch gar nicht sichtbar.

Jeder Schiffer so wie jeder andere Mensch muss in
seinem Leben auch Turbulenzen, Täler und Tiefen durch-
machen. Keiner reißt sich um solche Krisenzeiten, aber
sie scheinen unvermeidlich zu sein. Das betrifft auch dein
und mein Glaubensleben. Mal fühlen wir uns dem Himmel nah, dann wieder landen wir auf dem Boden der
Tatsachen. Wie lange sollen diese Schwankungen eigentlich noch so weitergehen? Gott denkt an uns ...

150 Tage sind fünf Monate. So lange steigt das
Wasser bis zu seinem Höchststand an (1. Mose 7,24),

und genauso lange dauert es, bis das Wasser zurück-
gegangen ist und der schwimmende Zoo auf dem Gebirge Ararat aufsetzt (1. Mose 8,3).[101]

»40 Tage später öffnete Noah das Fenster, das er in die
Arche eingelassen hatte, und ließ einen Raben hinaus.
Der flog hin und zurück, immer wieder, bis die Erde
trocken war. Später ließ Noah eine Taube fliegen, um zu
sehen, ob sich das Wasser vom Erdboden verlaufen hätte.
Doch die Taube fand keinen Ruheplatz für sich, überall
stand noch Wasser auf der Erde. Da kehrte sie zu ihm
zurück. Er langte mit dem Arm hinaus und holte sie wie-
der in die Arche. Dann wartete er weitere sieben Tage
und ließ sie noch einmal fliegen. Gegen Abend kam die
Taube. Im Schnabel hatte sie ein frisch abgerissenes
Olivenblatt. Noah erkannte jetzt, dass sich das Wasser
von der Erde verlaufen hatte. Er wartete noch einmal
sieben Tage und ließ die Taube wieder hinaus. Jetzt
kehrte sie nicht mehr zu ihm zurück« (1. Mose 8,6-13).

Wir reden immer noch über das Verhältnis von Nieder-
lage und Hoffnung. Das ist keine unendliche Geschichte. Die Taube kommt nicht tausendmal zu Noah zurück,
sondern zweimal.

Die Arche hat also Bodenberührung bekommen. 40
Tage vergehen und Noah öffnet das Fenster. Einer
bekommt die Erlaubnis, das Schiff vorzeitig zu verlassen – als Vorhut sozusagen. Es ist ein Rabe, der auch
als Aasfresser bekannt ist. – Dass der Fleisch frisst, das
singt man ja schon kleinen Kindern vor: »... fällt er in

den Graben, fressen ihn die Raben.« – Sobald dieser ausgeflogen ist, kommt er nicht wieder zurück. Warum auch? Für den ist der Tisch gedeckt. Überall treiben Kadaver herum ... Guten Appetit!

Der Rabe findet viel Ration.

Die Taube möchte nichts davon.

Sie kommt zu Noah zurück. *»Die Taube fand keinen Ruheplatz für sich«* (1. Mose 8,9), heißt es. Darum wird die Operation »Taube« in insgesamt drei Phasen durchgeführt. Beim ersten Mal kehrt sie schnell wieder zur Arche zurück. Beim zweiten Mal erst gegen Abend. Diesmal hat sie ein Olivenblatt im Schnabel und liefert Noah damit ein ebenso grünes wie hoffnungsvolles Zeichen für einen Neubeginn. Beim dritten Mal fliegt sie endgültig aus; sie kommt nicht wieder zurück. Sie hat offensichtlich neue Lebensbedingungen vorgefunden: einen Rastplatz mit Landebahn irgendwo in einer erneuerten Welt.

Wir haben bereits über Gott, den Schöpfer nachgedacht. Wir haben Jesus gesehen als unseren Erretter. War da als dritte Person der Gottheit nicht noch der Heilige Geist? »Ich glaube an den Heiligen Geist ...«, sagt man unter anderem im sogenannten apostolischen Glaubensbekenntnis. Der Geist Gottes betritt in der Bibel nicht erst an Pfingsten die Bühne, sondern wird bereits erwähnt, als sogar noch der Vorhang zur Schöpfung geschlossen war: *»Finsternis lag über der Tiefe, und der Geist Gottes schwebte über dem wogenden Wasser«* (1. Mose 1,2).[102]

Was hat der Heilige Geist mit jener Taube zu tun?

Nun, sehen wir uns ihre drei Erkundungsflüge doch einmal näher an.[103]

Erstens: Sie findet keinen Ruheplatz (1. Mose 8,9). Der Heilige Geist schwebte sozusagen einige tausend Jahre über den Wassern, über einer Welt der Sünde und des Todes. Er hat zwar im Alten Testament durchaus auf Menschen eingewirkt, hat sie für bestimmte Aufgaben mobilisiert: David und die Propheten; selbst Saul und Bileam ... aber bei keinem von ihnen konnte er bleiben. Er fand keinen passenden Landeplatz.

Zweitens: Sie kommt mit dem Olivenblatt zurück (1. Mose 8,11). Nachdem Jesus sich hatte taufen lassen und er betete, heißt es in Lukas 3,21, *»riss der Himmel auf und der Heilige Geist kam sichtbar auf ihn herab, anzusehen wie eine Taube.«* Jesus ist anders. Er, der Sohn Gottes ist heilig und vollkommen. Die Taube kam auf ihn und *blieb*! Hier fand sie einen Ruheplatz. Und nicht nur das: In Jesus findet sie das Olivenblatt, den Anfang einer neuen Schöpfung; und dieses Zeichen zeigt die Taube (der Heilige Geist) den auf Rettung wartenden Menschen.

Drittens: Sie kehrt nicht wieder zu Noah zurück (1. Mose 8,12). Nach weiteren sieben Tagen lässt Noah die Taube erneut flattern ... und sieht sie danach nie wieder. Warum? Weil sie jetzt Anlaufstationen findet. Das Neue seit Pfingsten ist, dass es Menschen gibt, die Jesus von ihrer Sünde befreit hat – und zwar völlig und für immer.[104] *»Denn mit einem einzigen Opfer hat er alle, die er für sich ausgesondert hat, völlig und für immer von ihrer Schuld befreit«* (Hebräer 10,14). Menschen, die an Jesus Christus glauben, sind ihre Sünden los geworden. Deshalb kann der Heilige Geist in Menschen, die Jesus erlöst hat, dauerhaft wohnen.[105] *Für immer.* Hoffnung heißt *für immer.* Und *für immer* heißt, das Auf und Ab ist irgendwann vorbei.

»Wie kann ich das erreichen«, fragst du. »Muss ich was bezahlen, muss ich mich bemühen oder benehmen? Wie werde ich völlig und für immer frei von meiner Sünde?« Dein Bemühen nützt nichts. Glaubst du, dass sich Abraham, Mose, David[106] und Kollegen bemüht haben? Natürlich haben sie das! Und trotzdem konnte der Heilige Geist nicht bei ihnen bleiben. Die Voraussetzung hat Jesus geschaffen. Ohne ihn kannst du kein sieghaftes Leben führen. Wenn du allen Ernstes meinst, selbst etwas zu deinem Heil leisten zu müssen, bringst du damit letztlich Unglauben zum Ausdruck. Du zeigst damit, dass du nicht wirklich überzeugt bist, dass das ausreicht, was Jesus am Kreuz für uns getan hat. Der Apostel Paulus sagt: *»Ihr selbst habt nichts dazu getan. Es ist Gottes Geschenk«* (Epheser 2,8). Es ist Gottes Geschenk und daher angemessen, dass wir ihm für seine Gnade in Jesus Christus danken und ihn loben. Ein Mensch, der das Geschenk angenommen hat, das Jesus bezahlt hat, der lebt in dem freien und glücklichen Gottesverhältnis, von dem Luther sprach. Einen solchen Menschen beschreibt der amerikanische Pastor und Autor Aiden W. Tozer (1897-1963) wie folgt:

»Sein Leben als Christ wird nicht länger die komplizierte Aufgabe sein, die es einst war, sondern wird von Grund auf einfach sein. Er hat sich ... dazu entschlossen, einen bestimmten Kurs einzuschlagen, und auf diesem Kurs wird er bleiben, wie von einem Autopiloten gesteuert. Wenn er für einen Augenblick vom rechten Kurs abweicht, wird er auf diesen Kurs wieder sicher zurückkehren, wie von einer geheimen Steuerung seiner Seele gelenkt. Der Geist Gottes wirkt im Verborgenen zu seinen Gunsten. Er hat das Problem seines Lebens erkannt und behoben, alles andere wird nun folgen.«[107]

Der Heilige Geist verleiht dir eine neue Identität, das heißt eine neue Übereinstimmung mit Gott. *»So macht sein Geist uns im Innersten gewiss, dass wir Kinder Gottes sind«* (Römer 8,16). Auf einer meiner Teenagerfreizeiten war der 17-jährige Koreaner Ji-Yoon dabei. Eigentlich hatte er keinen Bock auf die Freizeit. Er war für nichts zu begeistern. Ji-Yoon war wie ein Hund, den man zur Jagd tragen muss ... Mitte der Freizeit bekehrte er sich. Gott hatte durch sein Wort und seinen Geist zu ihm gesprochen. Darauf verbrachte Ji-Yoon eine ganze Nacht im Gebet. Von da an war der Kerl nicht wiederzuerkennen. Morgens um sieben platzte er in unseren Mitarbeiterkreis: »Wo geht es hier zur Bibelkleingruppe?«

»Ji-Yoon? Bist du das?«

Drei Wochen nach der Freizeit rief mich seine Mutter an: »Herr Wäsch, wenn wir es hier zu Hause nicht erlebten, würden wir es nicht glauben. Ji-Yoon hat sich so zu seinem Vorteil verändert!«

Der Heilige Geist macht neue Menschen. (Übrigens auch zu solchen, die als Jesusnachfolger in der Lage sind, eine gewisse Disziplin an den Tag zu legen; denn die gehört bei allem Begnadigtsein natürlich dazu.) Und weil das so ist, steht auch deinem Neuanfang nichts im Wege.

Und Gott redete zu Noah

»Und Gott redete zu Noah: ›Verlass jetzt die Arche mit deiner Frau, deinen Söhnen und ihren Frauen. Und lass alle Tiere, die bei dir sind, mit hinausziehen: die Vögel, das Herdenvieh und alles, was sich auf der Erde regt. Sie sollen fruchtbar sein und sich vermehren. Auf der Erde soll es wieder wimmeln von ihnen.‹ Da ging Noah mit seinen Söhnen, seiner Frau und seinen Schwiegertöchtern ins Freie. Auch alle Art von Tieren, alles, was kriecht und fliegt und sich auf der Erde regt, zog aus der Arche. Dann baute Noah Jahwe einen Altar. Dort opferte er ihm einige von den reinen Tieren und Vögeln als Brandopfer. Jahwe roch den angenehmen Duft und sagte sich: ›Nicht noch einmal werde ich nur wegen des Menschen den Erdboden verfluchen. Alles, was aus seinem Herzen kommt, ist ja böse – von seiner frühesten Jugend an. Nicht noch einmal werde ich alles Lebendige auslöschen, wie ich es tat. Von jetzt an, solange die Erde besteht, soll nicht aufhören: Saat

und Ernte, Frost und Hitze, Sommer und Winter, Tag und Nacht«« (1. Mose 8,15-22).

Gott denkt nicht nur an uns. Er ist nicht nur irgendwo über uns. Er vermittelt durch seinen Geist nicht irgendwelche nebulösen Eindrücke, nein, er redet[108], und zwar in klaren Worten. Noah vernimmt: *»Verlass jetzt die Arche ...«* (1. Mose 8,15). Und so wie die ganze Besatzung ein Jahr und zehn Tage zuvor an Bord gegangen ist, kommt sie nun unversehrt wieder heraus: Noah und Frau Noah; außerdem Sem und Frau Sem, Ham und Frau Ham, Jafet und Frau Jafet. Löwe und Frau Löwe, Möwe und Frau Möwe und so weiter.

Verlass die Arche! Wer errettet ist, bleibt nicht eingeengt. Errettung heißt frei sein, froh sein und fruchtbar sein. Mit Jesus geht das Leben erst richtig los. Gott hat dich aus der Welt heraus gerettet, um dich in die Welt hineinzusenden. Jesus sagt: *»Wenn aber der Heilige Geist auf euch gekommen ist, werdet ihr Kraft empfangen und als meine Zeugen auftreten ... bis in den letzten Winkel der Welt«* (Apostelgeschichte 1,8).

Was Gott von Menschen wie Tieren erwartet, ist, dass sie sich jetzt schnell wieder vermehren sollen. Fruchtbar sein, bedeutet, du sollst dich fortpflanzen – biologisch (logisch); aber im übertragenen Sinne auch geistlich. Bete um Vermehrung! Kein Christ sollte es einfach so hinnehmen, wenn seine Gemeinde stagniert oder gar kleiner wird. Erwin McManus, Pastor der *Mosaic Church* in Los Angeles, beklagt es, wenn manchen Gemeindegliedern das Bewahren alter Lieder und Kirchenbänke wichtiger ist als unser eigentlicher Auftrag:

> »Heute müssen wir mit der traurigen Realität leben, dass wir allzu oft unsre Traditionen bewahrt und unsere Kinder verloren haben ... Wir haben ... die Fähigkeit oder Bereitschaft verloren, anderen direkt von unserem Glauben zu erzählen, Gottes Auftrag zu erfüllen und die Menschen zu erreichen.«[109]

Weißt du eigentlich, auf welch außergewöhnliche Freude du verzichtest, wenn nicht andere Menschen durch dich zum Glauben kommen? Jesus sagt seinen Jüngern: »*Ich habe euch dazu bestimmt, hinzugehen und Frucht zu tragen – Frucht, die Bestand hat*« (Johannes 15,16). Wie geht das? Um biologisch fruchtbar zu sein, musst du dich einem Menschen hingeben. Um geistlich fruchtbar zu sein, musst du dich Gott hingeben. Und zwar ganz. Noah tat dies und bekräftigte es durch sein Brandopfer.

Es ist einfach schön, wie Theo Lehmann diese Szene einem historischen Ereignis der Neuzeit gegenüberstellt, nämlich der Mondlandung am 21. Juli 1969. Er fragt, was der Astronaut als Erstes tat, als er sein Raumschiff verließ und den Mond betrat. Er stellte eine Fahne auf. Es war zwar keiner da, der sie sehen konnte. Es gab auch keinen Wind, der die wehen konnte. – Es gibt da oben weder Wind noch Leute. – Aber stolz, wie der Mensch nun einmal ist, rammte er als Allererstes eine Fahne in den Mond, damit von vornherein klar ist:

»Wir sind da!« Die erste Handlung des Menschen auf dem Mond war eine Demonstration seiner Macht. – Der Hochmut des Menschen nimmt manchmal kosmische Dimensionen an.

Lehmann weiter:

»Als *Noah* den Raum seines Schiffes verlässt, stellt er nicht als Erstes eine Fahne, sondern einen Altar auf. Er bringt nicht ein Symbol seiner Macht an, sondern ein Symbol seiner Ohnmacht. Er bringt nämlich Gott ein Opfer. Er stellt sich nicht stolz als der erste Archenaut vor die Kamera, sondern er kniet demütig im Schlamm vor seinem Gott.«[110]

Noah bringt Gott ein Opfer.[111] Dabei wird das Opfertier vollständig verbrannt – mit Huf und Horn. Wer geistlich fruchtbar sein will, gibt sich Gott hin. Bist du bereit, dich Gott hinzugeben – mit Haut und Haar? *»Weil Gott uns solches Erbarmen geschenkt hat, liebe Geschwister, ermahne ich euch nun auch, dass ihr euch mit Leib und Leben Gott als lebendiges und heiliges Opfer zur Verfügung stellt. An solchen Opfern hat er Freude und das ist der wahre Gottesdienst«* (Römer 12,1).

Und Gott segnete Noah

»Und Gott segnete Noah und seine Söhne. Er sagte: ›Seid fruchtbar, vermehrt euch und füllt die Erde. Alle Tiere, alle Vögel, alles, was sich auf der Erde regt, und

auch alle Fische sind in eure Gewalt gegeben. Sie werden vor euch erschrecken und sich fürchten. Und alles, was da lebt und sich regt, soll euch wie die Pflanzen zur Nahrung dienen. Nur das Fleisch, das sein Lebensblut noch in sich hat, dürft ihr nicht essen ... Wer das Blut von Menschen vergießt – durch Menschen werde vergossen sein Blut! Denn der Mensch ist zum Abbild Gottes gemacht. Und ihr, seht zu, dass ihr viele Nachkommen habt! Bevölkert die Erde!‹ Und dann sagte Gott zu Noah und seinen Söhnen: ›Ich schließe diesen Bund mit euch und euren Nachkommen und auch mit allen Lebewesen bei euch, mit den Tieren, die in der Arche waren. Und ich sichere euch zu: Nie wieder werde ich das Leben durch eine Wasserflut vernichten. Nie mehr wird eine Flut die Erde zerstören ... Und als Zeichen dafür setze ich meinen Bogen in die Wolken. Jedes Mal, wenn ich Wolken über der Erde zusammenziehe und wenn dann der Bogen erscheint, werde ich an mein Versprechen denken, das ich euch und allen Lebewesen gegeben habe: Nie mehr sollen die Wassermassen zu einer Flut werden, die alles Leben vernichtet‹« (1. Mose 9,1-4 und 6-10 und 13-15).

Gott segnet. Noahs Familie und den Tieren gegenüber wiederholt er den schönen Auftrag, den er seinerzeit schon Adam gegeben hatte: *»Seid fruchtbar, vermehrt euch und füllt die Erde«* (1. Mose 9,1). In der Bibel sind Kinder ein Segen. Viele Kinder und Enkel zu haben, galt als ein Geschenk Gottes. Und heute? Das Statistische Bundesamt in Wiesbaden meldet seit 1998 jährlich zwischen 110.000 und 135.000 Abtreibungen.[112] Das entspricht der Einwohnerzahl einer Stadt von der Größe Wolfsburgs. Warren Wiersbe schreibt:

> »In biblischer Zeit wären israelische Ehepaare nie auf den Gedanken gekommen, ein Kind abzutreiben – ungeachtet dessen, wie schwierig ihre Umstände oder wie begrenzt ihre Mittel waren. Das Leben war Gottes Geschenk, und Kinder stellten ein göttliches Erbe des Herrn dar – schützenswerte Schätze, in die man zu seiner Ehre investieren soll.«[113]

Es lässt einen erschauern, wenn man bedenkt, wie der Mensch das von Gott geschenkte Leben verachtet. Dieser Schauer erreicht von nun an selbst die Tiere: *»Sie werden vor euch erschrecken und sich fürchten«* (1. Mose 9,2). Adam und Eva ernährten sich vegetarisch (1. Mose 1,29 und 2,16). Doch jetzt erlaubt Gott den Menschen neuerdings auch Fleisch zu essen. Die Harmonie in der Schöpfung war ohnehin gestört. Jetzt würden die Tiere den Menschen meiden und alles daransetzen, uns Kerlen und unseren Keulen und Kochtöpfen zu entkommen. Kain war Ackerbauer, Abel Hirte; Noah und seine Söhne sind nun auch Jäger.[114]

Und noch etwas erinnert an eine alte Abmachung mit Adam: *»Von allem, was da lebt und sich regt, soll euch wie die Pflanzen zur Nahrung dienen. Nur das Fleisch, das sein Lebensblut noch in sich hat, dürft ihr nicht essen«* (1. Mose 9,3-4). Kommt dir das bekannt vor? So eine ähnliche Anweisung gab es schon mal:

»Von allen Bäumen im Garten darfst du nach Belieben essen. Nur nicht von dem Baum, der dich Gut und Böse erkennen lässt« (1. Mose 2,16). Gott legt weiterhin die Grenzen fest, und wir sind weiterhin gut beraten, diese Grenzen zu respektieren.

Der Neuanfang wird schließlich mit jenem Bund besiegelt (1. Mose 9,9), von dem wir im letzten Kapitel schon sprachen. Ein Bund (oder Bündnis) verbindet und ist verbindlich. Er beinhaltet neben Versprechen und Segnungen von Seiten Gottes auch Verpflichtungen für die Menschen: *»Euer eigenes Blut darf auf keinen Fall vergossen werden ...«* (1. Mose 9,5).

> »Wegen der Zerstörung des Lebens durch die Sintflut konnten die Menschen meinen, dass für Gott das Leben wenig wert und die Zerstörung keine große Sache sei. Dieser Bund zeigt nun, dass das Leben heilig ist und dass der Mensch den Menschen nicht zerstören soll ...«[115]

Die Entscheidung über Leben und Tod liegt allein bei Gott. Trotzdem muss unser Schöpfer stündlich mit ansehen, wie in seiner Welt Blut vergossen wird in Kriegen und bei Terrorakten, durch Mord und Totschlag und auch bei Abtreibungen ... Wie gut, dass Gott so viel Geduld mit uns hat.

Während damals wieder die ersten Regenwolken aufziehen – Noah ist schon wieder auf dem Weg zur Arche –, zieht Gott einen Regenbogen auf. »Regenbogen« heißt in der Bibel einfach »Bogen«. An anderen Stellen ist damit das in der Antike gefürchtete Schussgerät gemeint.[116] Der bekannte englische Prediger Charles Haddon Spurgeon sagte:

> »Gott hat einen Bogen, mit dem er Pfeile des Verderbens abschießen könnte; aber sieh, er ist aufwärts gerichtet! Es ist ein Bogen ohne Pfeil und Sehne; es ist ein Bogen, der zur Schau aufgehängt ist und nicht mehr zum Krieg gebraucht wird. Es ist ein Bogen der vielen Farben der Freude und Wonne ...«[117]

Gott hat seinen Bogen abgelegt oder wie Spurgeon sagt: in die Wolken aufgehängt. Noah hatte es erlebt, was es bedeutet, wenn Gott Krieg führt. Aber jetzt ist der Bogen nicht mehr auf Menschen gerichtet. Der Regenbogen ist in erster Linie ein Zeichen für Gott (1. Mose 9,14-15). Aber auch uns erinnert er bis heute daran, dass »... *wir nun aufgrund unseres Glaubens Frieden mit Gott haben durch unseren Herrn Jesus Christus«* (Römer 5,1). Frieden mit dem Gott, der an uns in Liebe denkt, der zu uns redet und der uns segnet.

Kapitel 7

Sweet Home à la Babel

Der stolze Turm zu Babel
1. Mose 11,1-9

Frage beim Bewerbungsgespräch: »Wie sieht es mit Fremdsprachen aus?«

»Fremdsprachen? Ausgezeichnet! Außer Deutsch sind mir alle Sprachen fremd.«

Da ich nicht Französisch und der Chef nicht den Witz verstand, konnte ich gehen.

Auch auf der bis dahin größten Baustelle der Geschichte mussten die Arbeiter gehen, weil keiner mehr etwas verstand. Wir lesen in der Bibel von Babel:

»Die Menschen hatten damals alle noch dieselbe Sprache und dieselben Wörter. Als sie nach Osten zogen, fanden sie eine Ebene im Land Schinar und ließen sich dort nieder. Sie sagten zueinander: ›Los! Wir machen Ziegel aus Lehm und brennen sie zu Stein!‹ Die Ziegel

wollten sie als Bausteine verwenden und Asphalt als
Mörtel. Dann sagten sie: ›Los! Bauen wir eine Stadt
und einen Turm, der bis an den Himmel reicht! So
werden wir uns einen Namen machen und verhindern,
dass wir uns über die ganze Erde zerstreuen.‹ Jahwe
kam herab, um sich anzusehen, was die Menschen da
bauten – eine Stadt mit einem Turm! Da sagte er: ›Es
ist offensichtlich: Sie sind ein einziges Volk und spre-
chen nur eine Sprache. Und was sie jetzt begonnen
haben, zeigt, dass ihnen künftig nichts unmöglich sein
wird. Sie werden alles tun, was sie sich ausdenken. Los!
Steigen wir hinunter und verwirren ihre Sprache, dass
keiner mehr den anderen versteht!‹ So zerstreute Jahwe
die Menschen von dort aus über die ganze Erde, und sie
mussten aufhören, die Stadt zu bauen. Deswegen gab
man der Stadt den Namen Babel, Verwirrung, denn
Jahwe hatte dort die Sprache der Menschen verwirrt
und sie von diesem Ort aus über die ganze Erde zer-
streut« (1. Mose 11,1-9).

Literarischer Stil

Es handelt sich hier, wenn man so will, um den zweiten Erdbevölkerungsbericht. Wieso das? Nun, wenn
bestimmte Theologen vermeintlich von zwei verschiedenen Schöpfungsberichten in Kapitel 1 und 2 sprechen, dann könnte man das hier in Bezug auf die
Ausbreitung der Menschen auf der Welt tatsächlich
ähnlich sehen.

Immerhin wird schon zuvor in Kapitel 10, Vers 5 gesagt: *»Jawans Nachkommen breiteten sich in den Küstenländern bis zum Rand der Erde aus. Sie wuchsen zu Völkern mit eigenen Sprachen heran und lebten in ihren Gebieten in Sippen zusammen.«* Merkst du? Hier stimmt was nicht! Haben wir nicht vorhin gelesen, dass man sich erst seit Kapitel 11 in unterschiedlichen Sprachen verständigt hat als Folge des Turmbaus? Und heißt es nicht erst in besagtem 11. Kapitel, dass Gott die Menschen über die Erde zerstreute? Damit nicht genug; Kapitel 10 schließt mit der Bemerkung: *»Diese Sippen sind Nachkommen der Söhne Noahs. Von ihnen stammen alle Völker ab, die sich nach der Flut auf der ganzen Erde ausgebreitet haben«* (1. Mose 10,32). Es wird hier etwas vorausgesetzt, zu dem es erst noch kommen sollte, denn unmittelbar danach steht auf einmal: *»Die Menschen hatten damals alle noch dieselbe Sprache und dieselben Wörter«* (1. Mose 11,1).[118] Muss man das verstehen?

Man *kann* es verstehen. Denn wer sagt eigentlich, dass in der Literatur immer alles genau chronologisch hintereinander berichtet werden muss? Es ist der Stil im ersten Buch Mose, dass eine Sache erst einmal im Großen und Ganzen dargestellt wird und dann die Details erläutert werden. Das zeigen die Kapitel 10 und 11 genauso wie die Kapitel 1 und 2.[119] Lass dich nicht verunsichern, wenn behauptet wird, die beiden Schöpfungsberichte würden aus verschiedenen Quellen stammen und ließen sich nicht miteinander vereinbaren. Das kann man auch ganz anders sehen ...[120]

127

Ausgangspunkt hier ist, dass die Menschheit eine »Vereinte Nation« darstellt. Als Nachkommen Noahs *hatten die Menschen damals alle noch dieselbe Sprache«* (1. Mose 11,1). Das ist nicht überraschend, wenn man bedenkt, wie hartnäckig Menschen an ihrer Sprache festhalten. Der bekannte amerikanische Theologe Francis Schaeffer (1912-1984) zog 1948 in die Schweiz, wo er später die Gemeinschaft *L'Abri* gründete. Schaeffer schreibt über seine Wahlheimat:

> »Es gibt ... in der Schweiz vier Sprachen; zu jeder Sprache gehört eine Volksgruppe; es ist nicht zu erwarten, dass sich daran etwas ändern wird. Menschen gleicher Herkunft sprechen die gleiche Sprache.«[121]

Und Menschen, die eine gemeinsame Sprache sprechen, entwickeln einen gewissen Nationalstolz. Das ist auch nicht schlimm, solange man auf dem Teppich bleibt und sich weder über andere Menschen noch über Gott erhebt.

So ein Zusammengehörigkeitsgefühl verlangt nach einem Zentrum, einem Wahrzeichen. Die New Yorker haben die Freiheitsstatue. Die Pariser den Eiffelturm. Die Berliner das Brandenburger Tor. Und wir in Dillenburg – meine Heimat in Mittelhessen – den Wilhelmsturm. (Ich lade dich ein, dir unser Wahrzeichen mal anzuschauen!)

Der Ort für solch ein Monument will natürlich gut gewählt sein. Fündig wird man in Schinar, wie man Babylonien früher nannte. Schinar lag für damalige Verhältnisse so weit im Osten wie für uns heute China. Dort also – im heutigen Irak – lässt man sich nieder: »Hier gefällt es uns! Hier bleiben wir! Hier bauen wir uns eine Stadt!« *Sweet Home à la Babel*, wird ihr Motto.

Auch und gerade wir Deutschen sind sehr sesshaft – ist dir das bewusst? Wer sein Häuschen gebaut und den Schrebergarten *an*gebaut hat, der gibt ungern wieder her, was er einmal hat. Der Amerikaner dagegen zieht durchschnittlich siebenmal im Leben um. Das ganze Land ist ständig auf den Beinen. Innerhalb von fünf Jahren wechselt die Hälfte der gesamten Bevölkerung ihre Adresse – und das obwohl zwei Drittel der US-Bürger in *eigenen* Häusern leben. In zehn Jahren sind das 73 Millionen Umzüge von einem zum anderen Bundesstaat[122] – das ist so, als wenn beinahe ganz Deutschland packen und in ein anderes EU-Land auswandern würde.

Was ist eigentlich besser: sesshaft oder unterwegs zu sein? Festzusitzen oder aufzubrechen? Ich will nur darauf aufmerksam machen, dass Deutschland wegen unserer Sesshaftigkeit eines der christlichen Länder mit den wenigsten Missionaren im Ausland ist. Dabei haben Jesusnachfolger eine Mission: *»Darum geht zu allen Völkern*, sagt Jesus, *und macht die Menschen zu meinen Jüngern«* (Matthäus 28,19). Das Einsatzgebiet eines Christen ist die ganze Welt, die Heimat wartet erst in der Ewigkeit auf ihn. Darum stelle ich unsere Sesshaftigkeit in Frage. Sollten du und ich Wurzeln schlagen in einem Boden, der schon dreimal von Gott verflucht wurde (s. Endnote 111)?

»Sie sagten zueinander ...« (1. Mose 11,3). Das ist grundsätzlich okay. Miteinander reden muss man. *Wo es an Beratung fehlt, da scheitern die Pläne* (Sprüche 15,22). Ganz klar. Allerdings reden diese Menschen in Schinar nur von sich selbst: *»Los! WIR machen Ziegel aus Lehm ... Los! Bauen WIR eine Stadt und einen Turm ... So werden WIR UNS einen Namen machen ...«* (1. Mose 11,3-4). Charles Swindoll malt sich hinsichtlich des aufkommenden Stolzes der Menschen damals aus:

> »Ich kann mir direkt vorstellen, wie die Handelskammer von Schinar den neuen Slogan ›Ehre sei dem Menschen in der Höhe‹ unter die Leute brachte, um damit Bauarbeiter anzuwerben. Jeder machte mit.«[123]

Ich nehme den Faden auf und spinne weiter: Ein Unternehmen hieß *Wäsch&Schwefel.* – Will sagen: Meine Vorfahren waren auch bei dieser zusammengeschweißten Truppe dabei. Stolz, Großspurigkeit und Überheblichkeit liegen irgendwie in unseren Genen. Achte mal darauf, wie oft das Wort »ich« in unserem Reden vorkommt; selbst in unseren Gebeten: »Ich, Mein, Mich, Mir – segne, Vater, diese Vier!«

Wie sollte es klingen, wenn Christen miteinander reden? Paulus ermuntert, einander zu ermuntern: *»Er-*

muntert euch gegenseitig mit Psalmen, Lobliedern und anderen geistlichen Liedern; indem ihr aus vollem Herzen dem Herrn singt und spielt« (Epheser 5,19).

Eckhart von Hirschhausen ist nicht nur als Arzt und Kabarettist bekannt, sondern auch für seine scharfsinnigen Beobachtungen:

»Wenn wir doch angeblich von der Evolution darauf getrimmt sind, uns zu vermehren, warum haben wir viel länger und häufiger Musik als Sex? Warum singen, tanzen und trommeln Menschen überall auf der Welt, wo bleibt da der ›Kampf ums Überleben?‹«[124]

Eine richtige Antwort, warum Musik dem sich höher entwickelnden Menschen nützlich sein soll, bleibt Hirschhausen schuldig. Kann die spaßige Beobachtung nicht ernsthaft mit unserem Gottesbewusstsein zusammenhängen?

Spielt Gott! Spielt Gott eine Rolle, in dem, was du sagst? Hör dir einmal selbst zu! Man kann Gott loben in Gebeten[125] und natürlich in Liedern. Aber auch in Gesprächen. Was heißt »loben«? Wenn ich sage: »Paul ist ein ausgezeichneter Fußballspieler«, oder: »Lena hat eine tolle Stimme«, dann lobe ich meine Freunde für ihre besonderen Fähigkeiten und Eigenschaften. Gott zu loben, heißt nichts anderes. Das, was dich an ihm begeistert, fasse in Worte! Sprich aus, was er dir bedeutet – ihm selbst gegenüber im Gebet, durchaus aber auch in Gesprächen mit anderen Menschen, indem du Lobenswertes über Gottes Größe, Gerechtigkeit und Liebe ganz natürlich einfließen lässt.

»Aus dem Mund kommt das, was das Herz erfüllt« (Matthäus 12,34). Aus Babel hört man kein Lob Gottes. Dafür sind sie viel zu sehr verliebt in ihre eigenen Ideen. Aus ihren Mündern kommt, was in ihren Herzen ist. Und das treibt sie an. Fleißig sind sie. Den Hinduisten erkennt man an dem Punkt auf der Stirn. Die Bürger Babels erkennt man am Schweiß auf der Stirn. Wie Ameisen wimmeln sie herum, während der Turm zusehends wächst. Was die sich vornehmen, wird in die Tat umgesetzt.

Die halten zueinander,

halten sich an die Arbeit ...

aber halten *nicht* viel von Gottes Worten.

Hinsichtlich Gottes Auftrag halten sie sich die Ohren zu. Er will, dass sie sich auf der Erde verteilen und diese füllen sollen (1. Mose 1,28 und 9,1). Das aber blenden sie aus. Man ist schlecht beraten, wenn man den Willen Gottes ignoriert.

Am Anfang standen die großen Pläne der Architekten. Und einen Fingerschnipp göttlicher Geschichte später haben die Archäologen Probleme, überhaupt die Umrisse des Turmes wiederzufinden.[126]

Ihre Idee ist zudem ziemlich primitiv. Menschen haben ja schon manchen Wolkenkratzer errichtet. Das juckt Gott wenig. Aber was haben die hier vor? Einen Turm mit der Spitze bis an den Himmel – den Ort, wo Gott wohnt? So etwas ist bis in unser Zeitalter hoch entwickelter Technologie nicht gelungen. Das höchste

Gebäude der Welt ist mit 828 Metern der zwischen 2004 und 2009 gebaute Turm *Burj Khalifa Dubai* in den Vereinigten Arabischen Emiraten (der Eiffelturm ist »nur« 325 Meter hoch – mit Antenne). Doch selbst wenn man beide übereinanderstellen würde, reichten die nicht bis an den Himmel heran.

Menschen ohne Gott kommen zu abenteuerlichen Weltanschauungen. Völker ohne Christus haben *ihre* Sicht der Dinge. Ich hörte von Volksstämmen, die Vögel verehren, weil sie glauben, dass ein Vogel die Welt erschaffen habe. Freust du dich, Gott in Jesus persönlich kennen zu dürfen? Andere Menschen *haben* stattdessen einen Vogel ... Klingt komisch, aber zum Lachen ist das nicht. Ich werde später in diesem Kapitel auf die Menschen eingehen, die bis heute noch nicht vom Evangelium, der Frohen Botschaft von Jesus Christus, erreicht worden sind.

Gottes Reaktion

Die Antwort Gottes auf das anmaßende »Lasst uns hinauf steigen« Babels ist: »Lasst uns herab fahren«. Bemerkenswert: *»Jahwe kam herab, um sich anzusehen, was die Menschen da bauten – eine Stadt mit einem Turm!«* (1. Mose 11,5). Gott will das Bauvorhaben inspizieren. Da muss er näher ran. Seltsam, bisher hatte Gott alles erkennen können, ohne dass extra betont wird: Er kam herab. Eben noch hieß es: *»Noah fand Gnade in den Augen Gottes«* (1. Mose 6,8). Einen einzelnen Mann wie Noah sahen Gottes Augen noch ganz gut. Ist er in so kurzer Zeit kurzsichtig geworden? Natürlich nicht! Vielleicht steckt folgende Ironie dahinter: Für so manches, was uns Menschen groß und unheimlich wichtig vorkommt, muss Gott die Lupe benutzen, um es überhaupt ausmachen zu können. Deine Geschäfte, dein Geld, dein Glanz und Gloria beeindrucken Gott offensichtlich nur wenig.[127] Die Wertmaßstäbe Gottes sehen ganz anders aus. Das weiß auch der amerikanische sozial und politisch engagierte Christ Shane Claiborne:

> »Wir leben in einer Welt, die die kleinen Dinge gar nicht mehr zu schätzen weiß ... in der alles immer größer und größer werden muss. Wir möchten eine Megaportion Pommes, eine megagroße Limo, eine Megakirche. Aber inmitten dieser ganzen doppelten Portionen spüren viele von uns, wie Gott etwas Neues tut, etwas Kleines, Zartes.«[128]

Selbst mit noch so großartigen Gemeindehäusern und Kirchen, kann man Gott nicht imponieren. Ihm bedeuten andere Dinge viel mehr, denn sein Reich ist nicht von dieser Welt. Und wir? Wir sind nicht hier, um Türme menschlicher Überheblichkeit zu errichten, sondern sollen vielmehr mithelfen, die Sache Gottes voran zu bringen, Gemeinde Jesu zu bauen. Das ist Gott wichtig.

Dann passiert es: Da sitzt einer oben im Baugerüst: »Give me the leavle, please!« (»Wärst du mal so freundlich, mir die Wasserwaage hochzureichen?«). Der Mörtelmischer unten fragt: »Hä?« Irgendwas von Löffeln oder so ähnlich hat er verstanden; er verschwindet, um im Bauwagen den Tisch zu decken ... Ein anderer Kumpel versteht plötzlich nur noch chinesisch. Keiner rafft mehr was (und keiner schafft mehr was), so sehr sie auch kauderwelschen. Die Großbaustelle versinkt im Chaos.

Mit einem Zeitgenossen, mit dem ich nicht reden kann, ist wenig anzufangen – und noch weniger zu vollenden. In einer alten Zeitschrift fand ich folgende wahren Sätze:

»Die sprachlichen Verschiedenheiten bilden zwischen den Völkern Trennungsmauern wie kaum etwas anderes. Mit Mühe und Not lernen wir in unseren ... Schulen jahrelang zwei, höchstens drei lebende Fremdsprachen, um dann bei einer Fahrt ins Ausland feststellen zu müssen, dass wir von der Beherrschung der erlernten Sprache sehr weit entfernt sind, ja, dass wir noch nicht einmal der Unterhaltung von Ausländern folgen können.«[129]

Das Gericht von der Sprachenverwirrung hat mich auch verwirrt – und zwar im Zusammenhang mit dem weltweiten Unternehmen Gottes, über das wir soeben nachdachten. Denn die weit über 6.000 verschiedenen Sprachen sind das größte Hindernis für die Weltmission. Der Missionsauftrag Jesu wäre wohl längst erledigt, wenn es eine einheitliche Weltsprache gäbe.[130] Legt Gott sich hier nicht selbst Steine in den Weg? Hätte er sich damals in Babylon nicht besser eine andere Maßnahme ausgedacht? Ungefähr 2.000 Sprachgruppen haben immer noch keine Bibel.[131] Besonders groß ist der Bedarf in Indonesien, in Papua-Neuguinea, in etlichen Völkern Afrikas und Asiens. Der Missionsauftrag bleibt damit vorerst noch unvollendet.

Natürlich bedeutet es Arbeit, eine Sprache zu erforschen und zu erlernen; erst recht die Bibel zu übersetzen, und das besonders dann, wenn in einem Stamm noch gar keine Schriftsprache existiert ... Nichtsdestotrotz – Arbeit ist nun mal das Los der Nachkommen Adams. Die andere Seite ist nämlich, dass uns Arbeit noch nie geschadet hat ...[132]

Damals und heute

Lass uns einmal vier Fragen bedenken und dabei entsprechende Parallelen ziehen zwischen der Geschichte damals und der Gemeinde Jesu heute.

Erste Frage: Welches ist das schwerwiegendste Gericht im Alten Testament? Zweifellos die Sintflut. Die Parallele: Welches ist das schlimmste Gericht im Neuen Testament? Der Tod Jesu am Kreuz, wo er von Gott verlassen war.

Zweite Frage: Welchen Auftrag gibt Gott nach der Sintflut? *»Seid fruchtbar, vermehrt euch, und füllt die Erde«* (1. Mose 9,1). Die Parallele: Welchen Auftrag gibt Jesus seinen Jüngern nach seiner Auferstehung? *»Geht in die ganze Welt und verkündet allen Menschen die gute Botschaft«* (Markus 16,15).

Dritte Frage: Wie reagieren die Nachfahren Noahs darauf? *»So werden wir uns einen Namen machen und verhindern, dass wir uns über die ganze Erde zerstreuen«* (1. Mose 11,4). Sie weigern sich. Die Parallele: Wie reagieren wir heute in unseren Kirchen und Gemeinden auf den Missionsauftrag? Im Jugendkreis meiner Gemeinde hatte ich einmal eine Karte des Lahn-Dill-Kreises mitgebracht – also unserer Heimatregion. Außerdem hatte ich viele Spielsteine von mehreren Mühle- oder Damespielen dabei. Ich breitete die Landkarte auf dem Boden aus und forderte die Jugendlichen nacheinander auf, überall da einen Stein auf die Karte zu setzen, wo sich nach ihrem Wissen eine Kirche oder christliche Gemeinde befindet. Um es kurz zu machen: Da in etlichen Orten in unserem Landkreis mehrere Gemeinden existieren, passten die Spielsteine gar nicht alle nebeneinander. Wir mussten sie übereinander stapeln. Was da auf dem Fußboden unseres Jugendraumes entstand, war ein neutestamentlicher Turmbau.

Und nun noch die vierte Frage: Was war die Folge des Turmbaus? Die Sprachenverwirrung. Gibt es da auch eine Parallele zu uns? Ich befürchte ja. Viele Christen verstehen sich hierzulande untereinander nicht mehr. Etliche verlassen ihre Gemeinde, weil sie in irgendwelchen Details deren Theologie nicht mehr teilen können. Oder ganze Gemeinden teilen sich, weil starke Persönlichkeiten aufeinandergeprallt sind und der dauernde Streit nicht mehr auszuhalten ist. Ahnst du, woran so etwas liegen kann? Ich glaube, es hat damit zu tun, dass wir unseren Auftrag aus dem Blick verloren haben: *»Geht in die ganze Welt und verkündet allen Menschen die gute Botschaft«* (Markus 16,15).

Dazu kommt, was ich manchmal als Evangelist erlebe. Ich reise viel durch unser Land, um jungen und auch älteren Menschen die Botschaft von Jesus zu predigen. Aus meiner Erfahrung als »Innenmissionar« muss ich sagen, dass viele Deutsche das Evangelium nicht mehr hören wollen: »Oh danke, nur nicht so etwas ...«

Einmal besuchten wir ein Jugendzentrum im Sauerland. In dem völlig verrauchten Raum chillten ein paar Teenager in ihrer Kuschelecke. Wir sprachen sie an: »Wir haben hier ein paar Flyer für euch.«

»Hmm.«

»Ihr seid eingeladen, zu unseren Veranstaltungen zu kommen.«

»Hmm.«

»Wir würden euch gern erzählen, wie man mit Gott ein sinnvolles Leben führen kann.«

»Hmm.«

Darf ich dir erklären, was dieses »Hmm« übersetzt bedeutet (damals in Babel sind auch relativ einfache Sprachen entstanden)? Übersetzt heißt dieses »Hmm«: »Ihr könnt uns mal! Was ihr uns da erzählen wollt, interessiert uns nicht.«

Unter den vom Evangelium unerreichten Völkern in der Welt sieht das meist völlig anders aus. Völlig. Ein guter Freund von mir, Heiko Hagemann, ist Leiter der deutschen Vertretung von *New-Tribes-Mission*, einer der größten Missionsgesellschaften der Welt.[133] Vor ein paar Jahren erzählte ein Missionspilot Heiko ein ungewöhnliches Erlebnis: Mit seinem kleinen Flugzeug überflog er Liberia (in Westafrika). Als er sich über dichtem Urwald weitab von jeder Straße und Stadt in der Luft befand, sah er unter sich eine Landebahn – mitten im Wald. Auf seiner Karte war diese nicht eingezeichnet. Der Pilot war verblüfft und überflog sie deshalb noch einmal; sie schien in tadellosem Zustand zu sein. Er beschloss zu landen, um zu sehen, wer dort wohnte. Nach der Landung kamen einige Leute aus dem Wald, belagerten ihn und redeten auf ihn ein – doch er verstand kein Wort. Sie waren freundlich und machten ihm klar, dass er mitkommen solle. So folgte er ihnen bis zu einem Dorf. Als sie die ersten Hütten erreichten, rannten ein paar Kinder laut schreiend davon. Wahrscheinlich hatten sie noch niemals einen Weißen gesehen. Er wurde in die Mitte des Dorfes zu den Ältesten geführt. Die ganze Dorfbevölkerung sammelte sich um ihn und redete auf ihn ein. Er verstand überhaupt nichts, bis ein paar junge Männer kamen, die gebrochen Englisch – die Amtssprache von Liberia – sprachen. Sie sagten, dass sie schon lange auf ein Flugzeug gewartet hätten und dass er der Erste sei, der auf dieser Piste landete.

Erstaunt fragte der Missionar, wer denn die Landebahn gebaut hätte. Ihre Antwort: sie selbst! (Man muss dazu sagen, dass dort dichter Wald steht mit Bäumen, die zwei bis drei Meter Durchmesser aufweisen. Und diese Leute haben keine Motorsägen. Sie hatten nach Schätzung des Piloten für die Rodung sechs bis acht Jahre gebraucht.)

Noch erstaunter fragte der Missionar, warum sie denn diese Landebahn gebaut hätten. Da fing einer der Alten an zu berichten: »Einige unserer jungen Männer sind einmal in Richtung Norden gegangen und kamen zu einem Dorf, das einige Tagesmärsche von uns entfernt liegt; da gibt es eine ähnliche Landebahn. Die dort lebenden Leute sprechen eine andere Sprache, aber unsere Männer sahen, wie dort weiße Menschen mit einem Flugzeug hinkamen. Diese Weißen haben bei dem Volk gelebt, sie lernten dessen Sprache und sagten ihnen eines Tages eine wichtige Botschaft von oben weiter. Unsere Männer konnten nicht verstehen, worum es ging – nur dass es sehr wichtig war. Als wir das hier in unserem Dorf erfuhren, haben wir lange überlegt und uns dann entschlossen, ebenfalls so eine Landebahn zu bauen, damit zu uns auch einmal Menschen kommen, die uns die Botschaft von Gott bringen.«

Dann fragten sie den Piloten, ob er nicht so jemanden bringen könne. Der Pilot flog weiter mit dieser dringenden Bitte an die Leitung seiner Mission. Doch dann brach in Liberia der Bürgerkrieg aus, und alle Missionare wurden gewaltsam gezwungen, das Land zu verlassen. Heiko sagt, dass diese Leute noch heute warten.

Ähnliche Geschichten, weiß Heiko Hagemann, ereignen sich überall in der Welt, egal ob in Thailand, Indonesien oder Venezuela. Und unser Auftrag ist es, ihnen die Botschaft zu bringen, auf die sie warten.

Auf 1. Mose 11 folgt 1. Mose 12. Wieder geht die Geschichte weiter – wie treu und gut ist Gott! Kapitel 12 beginnt: »*Da sagte Jahwe zu Abram: ›Zieh du aus deinem Land weg! Verlass deine Sippe und auch die Familie deines Vaters und geh in das Land, das ich dir zeigen werde!‹*« (1. Mose 12,1). Zwei Verse später: »*Alle Sippen der Erde werden durch dich gesegnet sein*« (1. Mose 12,3). Die Sippen der Erde, die gerade erst auseinander hervorgegangen sind, sollen durch einen, den Gott sendet, gesegnet werden.

Dieses »Geh-hin« hat natürlich mit Entbehrungen zu tun. Vielleicht überlegst du schon, auf welchen Komfort du als Missionar verzichten müsstest. Entbehrung hat Abrahams Enkel Jakob auch erlebt – um etwas vorzugreifen. Jakob ist von seinem Vater gesegnet worden, er soll fruchtbar sein und sich vermehren (1. Mose 28,3). Diese Aufforderung zieht sich bis ins Neue Testament hinein. Auf der Flucht vor seinem Bruder muss Jakob in Haran unter freiem Himmel übernachten; er nimmt einen Stein als Kissen, darauf liegt es sich besch ... eiden. Und dann ... dann sieht er im Traum eine Leiter, deren Spitze den Himmel berührt (1. Mose 28,12). Du hast richtig gelesen! Sie berührt den Himmel. Also gibt es das *doch* – diese greifbare Verbindung zwischen Himmel und Erde.

Über das Diesseits und das Jenseits schreibt Philip Yancey:

»Als Christ glaube ich, dass wir in parallelen Welten leben. Eine Welt besteht aus Hügeln, Seen, Scheunen, Politikern und Hirten, die nachts ihre Herde bewachen. Die andere besteht aus Engeln und finsteren Mächten, und irgendwo liegen diese Orte, die wir Himmel und Hölle nennen. In einer kalten finsteren Nacht, in den zerfurchten Bergen von Bethlehem überschnitten sich diese beiden Welten in einem dramatischen Ereignis. Gott, der kein Vorher und kein Nachher kennt, trat in Raum und Zeit ein. Gott, der keine Grenzen kennt, schlüpfte in den wehrlosen Körper eines Säuglings ...«[134]

Gott lässt Jakob in einer kalten finsteren Nacht in Haran ahnen, dass die Grenze zwischen Himmel und Erde einmal geöffnet wird.

Von oben spricht Gott ihn an: *»Deine Nachkommen werden zahlreich sein wie der Staub auf der Erde ... Durch dich und deine Nachkommenschaft sollen alle Sippen der Erde gesegnet werden. Und ich werde dir beistehen. Ich beschütze dich überall, wo du hingehst ...«* (28,14-15). Ist das nicht eine überaus trostreiche und ausreichende Zusage von »höchster Stelle«? An jener Leiter, die Jakob sieht, steigen Engel auf und ab. *»Denn er schickt seine Engel für dich aus, um dich zu beschützen, wohin du auch gehst. Sie werden dich auf Händen tragen, dass dein Fuß sich an keinem Stein* *stößt«* (Psalm 91,11-12). Mach dir also keine Sorgen, falls du für Jesus losgehen willst – schon gar nicht um deine Füße. Gott liebt deine beiden Fortbewegungsteile: *»Wie lieblich sind die Füße derer, die Gute Nachricht verkündigen!«* (Römer 10,15; Elberfelder Übersetzung). Die Engel Gottes passen auf die Füße derer auf, die unterwegs sind für ihn.

Geweckte Sehnsucht

Hört, Bürger von Babel: *»Denn hier auf der Erde haben wir keine Heimat. Unsere Sehnsucht gilt jener zukünftigen Stadt, zu der wir unterwegs sind«* (Hebräer 13,14).

Glaubst du an das Reich Gottes, das nicht von dieser Welt ist? Es gibt sie, die Verbindung zwischen Himmel und Erde. Was die Menschheit mit Hilfe ihrer »stolzen Türme« nicht erreichen kann, hat Jesus Christus erreicht. Die Garantie liegt nach wie vor in dem Holz, das in den Himmel ragt. Daran hing er, festgeklopft mit drei oder vier einfachen Nägeln. Alle, die auf Jesus Christus vertrauen, sind eins in ihm und werden ungeachtet ihrer ethnischen, sprachlichen oder stammesmäßigen Herkunft gemeinsam eine Heimat im Himmel haben.

Hättest du gedacht, dass uns die Geschichte vom Turmbau zu Babel zum Thema Weltmission hinführen würde? Wenn dich das, was in den Augen Gottes so bedeutsam ist, nicht kalt lässt, dann gebe ich dir zum Schluss noch drei Aufforderungen mit:

Erstens: Bete für Mission!

Zweitens: Schaut als Gemeinden und Jugendgruppen über euren Tellerrand!

Drittens: Schließe den Missionsgedanken für dich persönlich nicht völlig aus!

Kapitel 8

Neues Leben XXL

Abram folgt Gottes Ruf
1. Mose 12,1-9

Eine Kindergartengruppe besucht ein Altenheim. Im Park treffen die Kinder eine Bewohnerin.

»Wie alt bist du?«, will ein Mädchen von der freundlichen Seniorin wissen.

»Ich bin 98 Jahre alt.«

»Wow!« Die Kleine reißt die Augen auf und fragt: »Hast du bei eins angefangen?«

Kinder sind cool. Die können noch staunen. Und alte Leute – die können einen tatsächlich manchmal staunen *lassen.* »Je oller, je doller«, sagt man. Mich hat seinerzeit der 101 Jahre alte Buster Martin beeindruckt. Er arbeitete bis zum Schluss drei Tage in der Woche als Klempner, rockte sich mit einer Seniorenband in die britischen Charts und hat 2008 noch ein neues Ziel erreicht: Er ging beim London-Marathon an den Start.

Martin gilt als der älteste Mensch, der einen Marathonlauf beendet hat. Sein Trainer sagte: »Das größte Problem ist, ihn zu bremsen.«

Scheinbar waren es seine immer neuen Ziele, die ihn jung hielten. Es gibt nämlich ein Phänomen, das man den »geistigen Rentnertod« nennt. Das meint die traurige Tatsache, dass viele alte Menschen, die eigentlich fit und leistungsfähig sind, den Eintritt in den Ruhestand nicht verkraften. Sie fühlen sich nicht mehr gebraucht. Manche sterben plötzlich, weil sie keine Aufgabe mehr im Leben sehen.

Der Mensch braucht etwas, wofür er sich von Herzen engagieren kann, etwas, das sein Leben ausfüllt. Er braucht ein großes Ziel.[135]

Geh, Abram, geh!

Kurz vor der Ziellinie dieses Buches wollen wir von einem Mann reden, der noch um einiges älter wurde als Buster Martin; von einem, der mit 75 Jahren nochmal so richtig aufgedreht hat.

Nach Schöpfung, Sündenfall, Brudermord, Sintflut und Trotzturm von Babel folgen im ersten Mosebuch die sogenannten »Vätergeschichten«; Erzählungen aus vier Generationen: Abraham, Isaak, Jakob und Josef. Das hat sich der alte Noah sicher nicht träumen lassen, dass zehn Generationen nach ihm der Erste wirklich Prominente geboren wird. Gott versichert ihm: »*Ich will deinen Namen bekannt machen*« (1. Mose 12,2).[136]

Genauso ist es gekommen: Der Name Abraham ist geachtet bei Juden, bei Christen und bei Muslimen. Menschen, die unter uns angesagt sind und die im Fernsehen angesagt *werden* – Musiker, Sportler, Schauspieler oder Politiker – sind Eintagsfliegen. Niemand, den wir heute als prominent bezeichnen, wird wohl je eine derart historisch weitreichende Bedeutung erlangen wie Abraham.

Die Geschichte Abrams[137] ist 4.000 Jahre her. Sie beginnt zwischen Mesopotamien und Israel, zwischen Palmen und Pinien. Der Mann hat nicht nur einen wohllautenden Namen, er ist zudem wohl*habend*.[138] Abram hat es zu etwas gebracht; es geht ihm gut. Eigentlich ist er einer wie viele andere in der gehobenen Gesellschaft. Pastor und Autor Samuel Diekmann beschreibt Abram als jemanden, an den das Leben Ansprüche gestellt hat, wie an Menschen zu allen Zeiten:

>»Er war Ehemann, Vater, Onkel, Missionar, Geschäftsmann, Notleidender, Schlichter, Befehlshaber, Chef, Priester, Überflieger, Freund Gottes, Besserwisser ... Er hatte mit seinem Charakter zu kämpfen, seiner Patchworkfamilie ... Hatte Herausforderungen mit seinem Beruf und seiner Berufung ... Dennoch gelang es ihm, für uns ein leuchtendes Vorbild des Glaubens zu werden und zu bleiben.«[139]

Abram und seine Frau Sarai sind also ein reiches, rüstiges Rentnerehepaar. Rüstig auch deshalb, weil sich die beiden für eine bevorstehende Reise rüsten; eine, die dauerhaft sein sollte. Wahrscheinlich hätten die früheren Geschäftspartner, die Nachbarn und Verwandten es verstanden, wenn das betagte Paar sein offensichtliches Fernweh mit ein paar Tagesausflügen gestillt hätte – mal den »Halbfertigen Turm von Babel« besichtigen und so ... (Der war nur ein paar Katzensprünge von Ur entfernt.) Aber als die Angehörigen von Abrams Auswanderungsplänen erfahren, kommen sie nicht mit – schon rein gedanklich. Verwundert sehen sie mit an, wie er eines Tages seine Kamele auftankt, diese mit allen denkbaren und transportfähigen Habseligkeiten belädt, um in eine viele hundert Kilometer entfernte, ihm völlig unbekannte Gegend aufzubrechen. Wenn einer mit 75 eine derartige Veränderung vornimmt, muss das einen besonderen Grund haben. Und den gab es. Gott hat nämlich mit dem Mann gesprochen.

»Da sagte Jahwe zu Abram: ›Zieh du aus deinem Land weg! Verlass deine Sippe und auch die Familie deines Vaters und geh in das Land, das ich dir zeigen werde! Ich will dich zu einem großen Volk werden lassen; ich werde dich segnen und deinen Namen bekannt machen. Du wirst ein Segen für andere sein‹« (1. Mose 12,1-2).

Abram wäre wohl nie weit über den Rand von Ur[140] hinausgekommen; der wäre namenlos gestorben unter den zahllosen Menschen der Frühgeschichte, wenn ihn nicht diese außergewöhnliche Berufung erreicht hätte. Der kurze Satz: *»Da sagte Jahwe zu Abram ...«*, reißt den angehenden Greis aus seinem eingefahrenen Gleis.

Und das macht ihn überhaupt erst zu einem Menschen, der es wert ist, dass man Bücher über ihn schreibt.

Der Apostel Paulus – auch ein von Gott Berufener (Römer 1,1) – schreibt, dass Abraham Spuren des Glaubens hinterließ (Römer 4,12). Es ist leichter, einen Weg im Schnee zu finden, den schon jemand vor uns gegangen ist. Wir reden von Vater Abram, weil er ein Vorbild in Sachen Glauben und Gehorsam ist.

Abram ist empfänglich für das Reden Gottes. Wer ge*hor*sam sein will, muss erst einmal *hor*chen, hinhören. Nicht dass Gott uns normalerweise mit einer akustisch hörbaren Stimme anspräche. Vielmehr hat er uns *in der Bibel* alles mitgeteilt, was für ein sinnvolles Leben wichtig ist. Adam, Noah oder Abraham hatten keine Bibel. Aber wir. Jetzt, wo du dieses Buch bald aus den Händen legst, greife zu einem anderen – und zwar dem Wort Gottes! Da redet und ruft Gott. Das Hören auf Gott fordert mindestens genauso viel Einsatz von uns wie die Ärmel hochzukrempeln und in die Hände zu spucken. Doch Vorsicht bei zu viel Aktionismus! Auch Christen können schnell zu den bereits erwähnten »Selbermachern« werden. Hans Peter Royer gibt ehrlich zu:

> »Den ganzen Tag zu arbeiten, geschäftig zu sein ... fällt mir fast immer leicht. Dazu brauche ich kaum Disziplin. Jedoch still zu sein, auf Gottes Wort zu horchen, in seiner Gegenwart ruhig zu sein – dazu brauche ich meine ganze Disziplin, dazu muss ich meinen ganzen Eifer aufwenden.«[141]

Altes hinter sich lassen

Vermutlich hatten Abram und Sarai sich auf einen *ur*gemütlichen Lebensabend in *Ur* eingestellt. Die Abende des Lebensabends wollten sie gemeinsam am Kamin verbringen: Sarai redet, ohne ein Thema zu haben. Abram trinkt, ohne Durst zu haben. So geht das ja in gutbürgerlichen Häusern normalerweise zu: beschaulich bis belanglos.

Doch dann kommt der Ruf Gottes ... Ob Abram schon *vor* dieser Aufforderung eine Begegnung mit Gott hatte, weiß ich nicht. Genauso wenig weiß ich, ob *du* schon eine hattest. Was ich weiß, ist, dass Gott sowohl Leute mit heidnischem Hintergrund anspricht als auch solche, die ihn schon lange kennen. Wie Abrams Vergangenheit auch ausgesehen haben mag, Gott sagt jedenfalls zu ihm: »Geh!«

Geh, wie: »Glaube mir!«

Geh, wie: »Gehorsam sein!«

Geh, wie: »Geh mal ganz neue Wege!«

Und dieser Ruf gilt auch dir.

»Abram gehorchte dem Befehl Jahwes und brach auf. Lot zog mit ihm. Abram war 75 Jahre alt, als er Haran verließ. Seine Frau Sarai und sein Neffe Lot begleiteten ihn. Sie nahmen alle Menschen, die sie in Haran erworben hatten, und ihren ganzen Besitz mit. So zogen sie nach Kanaan. Abram durchzog das Land bis zu einem Platz bei Sichem in der Nähe des Wahrsagebaums. Damals waren ja noch die Kanaaniter im Land. Dort ließ

sich Jahwe von Abram sehen und sagte zu ihm: ›Dieses Land will ich deinen Nachkommen geben!‹ Da baute Abram an dieser Stelle einen Altar für Jahwe, der ihm erschienen war. Später zog er in das Bergland östlich von Bet-El und schlug seine Zelte so auf, dass er Bet-El im Westen und Ai im Osten hatte. Auch dort baute er Jahwe einen Altar und machte so den Namen Jahwes bekannt. Dann brach er wieder auf und zog immer weiter in den Negev hinein« (1. Mose 12,4-9).

Warum soll Abram eigentlich in dieses ferne, fremde, fade Land gehen? Der hätte doch auch in Ur zu einem großen Volk werden und sich dort segnen lassen können. Warum also: *»Geh aus deinem Land, deiner Verwandtschaft ...«*? Liegt es nur daran, dass in Kanaan die Bevölkerungsdichte geringer ist? Eher weniger. Es sind drei Gründe, die mir plausibel erscheinen:

Erstens: Es geht hier wieder um einen Neuanfang – den letzten hatten wir bei Noah. Nötig ist ein Neuanfang wegen des Aufstandes der Menschen gegen Gott. Und Voraussetzung für einen Neuanfang ist die Trennung von allem Vergangenen, Heidnischen und Verdorbenen.[142] Der Großstadtpfarrer Alexander Garth weiß:

»Die Erfahrung lehrt, dass man nicht Christ werden kann, wenn die Seele noch aus anderen spirituellen Quellen trinkt wie zum Beispiel Satanismus, Spiritismus, germanischer Götterkult usw. ... Jesus ruft uns, ihm nachzufolgen mit allem, was wir sind und haben.«[143]

Der neue Anfang, die Trennung bei Abram ist vielleicht radikal, aber bedenke: Die Trennung bei Noah war noch viel radikaler ...

Zweitens: Abram soll lernen, allein auf Gott zu hören, ausschließlich auf Gott angewiesen zu sein. Alles, was ihm sonst noch vermeintlichen Halt bieten könnte, wird ihm vorsichtshalber genommen.

Drittens – und diesen Grund will ich direkt auf dich (und mich) anwenden: Neue Erfahrungen kannst du nur machen, wenn du bereit bist, Vertrautes hinter dir zu lassen.

Theo Lehmann erklärt, dass so etwas damals keine Kleinigkeit war und auch heute keine ist:

»Das ist dem Abraham bestimmt nicht leicht gefallen, zumal wenn man bedenkt, dass heute noch im Orient die Heimat, die Sippe, die Familie die stärkste Macht im Leben des Einzelnen ist. Das war damals erst recht so. Wer von der Heimat wegging, wer sich von seiner Familie trennte, war praktisch erledigt. Bei uns spielt die Familie zwar nicht mehr eine so bestimmende Rolle ... aber ich kenne genug Familien, die einen so starken Einfluss auf ihre Mitglieder haben, dass die denen nicht erlauben, mit Gott zu gehen.«[144]

Auch Jesus hat das gewusst. Ein junger Mann wollte ihm nachfolgen. Jesus bestand darauf, dass dieser sich vorher nicht noch von seiner Familie verabschiedete. Unerbittlich sagte er: »*Wer seine Hand an den Pflug legt und dann nach hinten sieht, der ist für das Reich Gottes nicht brauchbar«* (Lukas 9,62).

Petra, eine Bekannte von mir, die sich vor einer englischen Bibelschulklasse vorstellen sollte, zitierte diesen Vers. Ihr Englisch war noch nicht so flüssig. Pflug heißt *plough*. Sie aber sagte *plug*. Das heißt Steckdose. »Wer seine Hand an die Steckdose legt ...« Die ganze Klasse lachte und Petra wusste nicht warum. Nun, es kann sein, dass jemand auch nicht für Gottes Sache geeignet ist, wenn er zu sehr unter Strom steht ...

Gemeint ist aber der *plough*, der Pflug. Wenn du dich beim Pflügen nicht auf die Arbeit – das Gerät und die Ochsen – konzentrierst, dann gerät es nicht; die Bahn wird schief. Wenn Gott dich ruft, schau dich nicht um!

Bei dem einen ist es die Familie.

Bei dem anderen sind es die Frauen.

Beim Dritten der Fernseher oder Facebook.

Beim Vierten die Feierei ...

Bist du im Glauben bereits aufgebrochen? Dann schau nach vorn und geh voran! Manche geben nach wenigen Schritten schon wieder auf. Frei nach dem Motto: »Er wollte die Welt erobern, aber es regnete.« Geh, Mensch! Eine Wanderung, die nur aus zehn oder zwölf Schritten besteht, bringt keinen Perspektivenwechsel. Nach ein paar Schritten wandelt sich noch nicht viel. Um Dinge loszuwerden, die dich am Leben mit Gott hindern, musst du auf dem Weg vorwärtsgehen! Dann wird dir bald auffallen, dass sich die Umgebung und die Umstände verändern. Lass das, was hinter dir liegt, hinter dir, und mach's wie Paulus, der sagt: *»Ich vergesse das Vergangene und schaue auf das, was vor mir liegt. Ich laufe mit aller Kraft auf das Ziel zu, um den Siegespreis droben zu gewinnen, für den Gott uns durch Jesus Christus bestimmt hat«* (Philipper 3,13-14).

Es liegt an dir

Abram hätte Gott auch *ab*sagen können. Er hätte ihm ein Klagegedicht *auf*sagen können: »Herr, denk an mein Alter und an meine Alte. Ist nicht mehr so viel los mit uns. Deine Pläne sind uns zu anstrengend.« Anstrengend – so reden manchmal selbst junge Leute. Die meinen, ein Leben mit Gott sei zu anstrengend. Dabei ist das Gegenteil der Fall: Ein Leben *ohne* Gott ist anstrengend. Überleg mal: Wer nicht mit Gott rechnet, wer meint, nur ein Zufall der Natur zu sein, der ist auf sich selbst gestellt, wie der bereits zitierte Alexander Garth sagt:

>»Wer nichts weiter hat als dieses Leben mit seinen engen Grenzen, der muss alles aus diesem Leben raus holen:
>Genuss um jeden Preis,
>Erfolg um jeden Preis,
>Anerkennung um jeden Preis.
>Das macht ... depressiv.«[145]

Wer sich dagegen von Gott berufen lässt, für den beginnt damit das große Abenteuer. Junge Leute lieben eigentlich Herausforderungen. Und sie haben Kraft. An Mobilität mangelt es heutzutage auch nicht – die meisten von uns haben vier gesunde Reifen. Ist es der Glaube, der vielen fehlt? Es kann mir jedenfalls keiner erzählen, dass viele sich gegen Jesus entscheiden, weil Christsein zu anstrengend ist. Es sei denn, es ist ihnen zu anstrengend, im Gottesdienst die Augen offen zu halten. Das mag sein. Dies würde aber nicht bedeuten, dass Glaube mühsam ist, sondern ermüdend.

Shane Claiborne bezeichnet sich selbst als »kompromisslosen Extremisten in Sachen Nächstenliebe«. Shane erzählt traurig, wie er junge, »wilde« Jesusjünger vom Weg hat abkommen sehen, weil sie nie wirklich an das große Abenteuer geglaubt hatten.

> »Als ich selbst Leiter war, wurde einer der Jugendlichen, der ›sein Leben Jesus gegeben‹ hatte, geschnappt, weil er LSD dabeihatte. Ich weiß noch, wie ich ihn in meiner Enttäuschung fragte: ›Was ist passiert, Kollege? Was ist schiefgegangen?‹ Er zuckte bloß die Schultern und sagte: ›Langweilig gewesen.‹«[146]

Langweilig also, nicht anstrengend. Wenn das wahr ist, habe ich einen dumpfen Verdacht: Wir Erwachsenen müssen jungen Leuten den Eindruck vermittelt haben, Glaubensangelegenheiten seien öde. Abraham vermittelt so eine Vorstellung bestimmt nicht. Haben *wir* die Botschaft der Bibel langweilig gemacht? Sind *wir* keine Vorbilder gewesen? Waren unsere Predigten zum Einschlafen? Solchen selbstkritischen Fragen müssen wir uns stellen, die wir schon lange mit Jesus leben.

Kids, Teens und Jugendliche wollen nicht unterhalten werden, sondern wollen etwas unternehmen. Die wollen was verändern. Viele sind außerdem kreativ und bereit, etwas zu riskieren. Ich befürchte, wir haben uns zu oft Sorgen darüber gemacht, das Evangelium sei zu schwer für sie. Darum hört man bei vielen Jugendgottesdiensten immer nur die Leier: »Du bist ja so wertvoll!«[147] Man macht es ihnen nicht zu schwer, sondern zu leicht. Und dann ist es langweilig; sie lassen es. Im schlimmsten Fall hängen sie den Glauben an Jesus ganz an den Nagel und vergeuden ihre besten Jahre.

Nicht bei allen liegt es an den schlechten oder fehlenden Vorbildern. Manch einer – jung oder alt – ist auch einfach zu träge, um Christ zu sein. Für ein Leben mit Gott musst du dich entscheiden: Willst du dem Ruf Gottes folgen, oder soll dein Leben normal verlaufen? Abram ist Gott gehorsam, und so verläuft sein Nomadenleben alles andere als normal. In seiner Sippe vollzieht sich Gottes Plan mit der Menschheit.

Vielleicht hätte man auf das Buchcover schwarz auf weiß in Helvetica-Schrift den Zusatz drucken sollen: »Lesen gefährdet Ihre Gemütlichkeit!« Mit Sofachristen kann Gott wenig anfangen. Was ich hier schreibe, ist keine fromme Unterhaltungslektüre, sondern ich hoffe, dass Gott zu dir redet. Ich bete darum, dass er dich ruft und dich vor die Entscheidung stellt: »Willst du auf meinen Ruf hören, mir gehören, mir gehorchen, mir dienen? Willst du dich von mir führen und segnen lassen? Oder willst du deinen Weg allein bestimmen, bleiben, wie du bist, und machen, was du willst?« Ein Leben mit Gott verläuft äußerlich nicht unbedingt gemütlich, aber in dir drin, da schenkt Gott dir seinen Frieden. In einem Gestapo-Knast, drei Monate vor Ende des zweiten Weltkriegs, schrieb Dietrich Bonhoeffer sein Silvestergedicht »Von guten Mächten treu und still umgeben, behütet und getröstet wunderbar«. Es war sein letztes Gedicht, bevor er von den Nazis gehenkt wurde.

Willst du ein Held sein oder ein Pantoffelheld? Werd doch nicht in deinen jungen Jahren schon zum Spießer! Spießer – auch Spießbürger genannt – sind Leute, die gegen jede Veränderung sind. Gott aber bringt immer Veränderung. Peter Hahne schreibt in seinem Bestseller *Schluss mit lustig*:

»Und der alte Philosoph Søren Kierkegaard hat also doch recht: ›Ein Spießbürger ist, wer ein absolutes Verhältnis zu relativen Dingen hat.‹ Hauptsache Gesundheit, Karriere, wohlgeratene Kinder und wohlgefüllte Konten ... Wer so denkt, verwechselt die Lebensmittel mit der Lebensmitte.«[148]

Abram ist kein Pantoffel-, sondern ein *Glauben*sheld.
Er beweist Glauben, als er sein gemütliches Plätzchen
hinter dem Ofen verlässt. Er gibt alles auf, was ihm
bisher erstrebenswert erschien und bricht in dieses
neue, unbekannte Land auf. Ohne den Weg dahin zu
kennen. Ohne zu wissen, was ihn dort erwartet. Ohne
irgendeine Garantie. Sagten wir nicht zu Anfang des
Kapitels, dass der Mensch ein großes Ziel braucht?
Sagte Paulus nicht: *»Ich laufe mit aller Kraft auf das
Ziel zu ...«* (Philipper 3,14)? Was, wenn das Ziel nicht
klar ist? Abram ging trotzdem. Der Pfarrer und Lieder-
macher Clemens Bittlinger hat in einem seiner Titel
eine tiefe Wahrheit auf den Punkt gebracht:

> Schritte wagen im Vertrau'n
> auf einen guten Weg.
> Schritte wagen im Vertrau'n,
> dass letztlich er mich trägt.
> Schritte wagen,
> weil im Aufbruch ich nur sehen kann:
> Für mein Leben gibt es einen Plan.[149]

Das Ziel ist *durchaus* klar. Es lautet: »Ein Leben für
und mit Gott.« Aber klar heißt nicht unbedingt sichtbar.
Geh mal ein paar Schritte! Bitte Gott, dass er dir Türen
öffnet und andere schließt. Wie soll Gott dich lenken,
wenn du stillstehst mit der Haltung: »Solange ich nicht
genau weiß, wie der Weg Gottes mit mir aussieht und

wohin die Reise geht, unternehme ich gar nichts!« Der bekannte amerikanische Fernsehprediger Bayless Conley schreibt:

> »Wenn Sie wissen, dass Gott Sie beruft, etwas zu tun, dann müssen Sie sich in Bewegung setzen. Auf weitere Wegweisung oder Details zu warten, kann eine nutzlose Übung sein und zeigt eher Mangel an Glauben. Es ist unmöglich, ein parkendes Auto zu lenken, aber dennoch bestehen viele von Gottes Kindern darauf, in Parkposition zu bleiben, bis sie genau wissen, wo sie hin sollen und wie lange sie brauchen, um dort hin zu gelangen.«[150]

Selbst in Kanaan sieht Abram nichts von dem, was Gott ihm in Aussicht stellt. Im Gegenteil. Dort in Sichem erscheint ihm Gott wieder und sagt: *»Dieses Land will ich deinen Nachkommen geben«* (1. Mose 12,7). Jeder normale Abram hätte gefragt: »Welche Nachkommen? Meine Schafe vermehren sich enorm, aber meine Sarai nicht; sie kriegt keine Kinder. Und welches Land, bitte? Ich bin Fremder hier, nur Gast.« Und er bleibt sein restliches Leben lang Gast. Doch Gott wiederholt die Verheißung ständig. Das nächste Mal in Kapitel 13, Vers 16: *»Und ich will deine Nachkommen machen, wie den Staub der Erde ...«* Abram bückt sich und untersucht den Boden. »Wie den *Staub* der Erde?« Aber es ist ja niemand da! – Unmittelbar zuvor hatte sich selbst sein Neffe Lot aus dem Staub gemacht. Damit gibt es hier rein gar nichts Nachkommenähnliches mehr ...

Vieles, was man zwar nicht sehen kann, ist trotzdem Wirklichkeit. *»Was ist denn der Glaube? Er ist ein Rechnen mit der Erfüllung dessen, worauf man hofft, ein Überzeugtsein von der Wirklichkeit unsichtbarer Dinge«* (Hebräer 11,1; Neue Genfer Übersetzung).

Was verheißt Gott dir? Er verheißt dir das ewige Leben, wenn du an Jesus glaubst. »Das eeewige Leben.« Das klingt so verschwommen; weit weg hinter einer dichten Nebelwand. Da bleibst du lieber im Hier und Heute und lebst, als wenn es das Vaterhaus Gottes und alle anderen Verheißungen gar nicht gäbe. Außerdem macht man sich lächerlich, wenn man zugibt, dass man an Gottes Zusagen glaubt ...

Zum Lachen ist die Abrahamstory tatsächlich: Als in Kapitel 17 Abrahams hundertstes Lebensjahr voll, aber die Kinderwiege immer noch leer ist, muss selbst er lachen. Gott ist wieder einmal da: »Aaabraham, Sara wird bald einen Sooohn zur Welt bringen!« *»Da warf sich Abraham vor Gott nieder und lachte«* (1. Mose 17,17).

Kurz drauf kommen drei Männer zu Besuch. Abraham, auffällig heiter, lässt ein gutes Essen machen ... Während sie gemeinsam unterm Baum sitzen, fragt einer: *»Wo ist deine Frau Sara?«* (1. Mose 18,9).

»Oh, die ist drin und hört Nachrichten.«

So ist es auch: Sara sitzt hinter der Zeltwand und lauscht der Nachricht: *»Nächstes Jahr um die Zeit ... wird deine Frau einen Sohn haben«* (1. Mose 18,10). Als sie das vernimmt, kann auch sie sich vor Lachen nicht halten. Und so kommt es, dass sie den Jungen später, als es so weit ist, Isaak nennen. Der Name bedeutet: »Er wird lachen«.[151]

Erfüllte Zusagen

Von der ersten Ankündigung bis dahin, dass Isaak geboren wird, vergehen 25 Jahre. Nicht 25 Tage, nicht 25 Wochen, nicht 25 Monate, sondern 25 Jahre! Eine schrecklich lange Zeit! Mir gefällt das auch nicht, aber manchmal brauchen Gläubige ein bisschen Geduld. *Wenn* jemand ruhelos auf glühenden Kohlen sitzt, dann sind wir das. Gott sitzt auf dem Thron und regiert. Wie sagte Albert Einstein so schön: »Holzhacken ist deshalb so beliebt, weil man bei dieser Tätigkeit den Erfolg sofort sieht.«[152]

In Kapitel 21 ist der kleine Erwirdlachen endlich da. Stell dir das Familienfoto vor: Abraham, Sara und Isaak – alle drei lachen und keiner von ihnen hat einen Zahn im Mund. Dieses Bild ist gleichzeitig ein Beweisfoto; ein Beleg dafür, dass Gottes Wort in Erfüllung geht!

Gottes Zusagen erfüllen sich – wenn du das nicht glauben kannst, sieh dir das kleine Land Israel an – die Fläche kaum größer als die von Hessen. »*Ich will segnen, die dich segnen, und verfluchen, die dir fluchen*« (1. Mose 12,3), hatte Gott angekündigt. Denk mal an die jüngere Geschichte Israels und Deutschlands. Das Hitlerreich endete 1945 nicht mit der vollständigen Vernichtung der Juden (und dem erhofften »Endsieg«), sondern führte letztlich zur Gründung des Staates Israel

1948. Der in New York geborene Christ David Jaffin –
Sohn jüdischer Eltern – schaut zurück und lässt uns
staunen, wie genau das Wort Gottes in Erfüllung geht:

»Die Großmächte in biblischen und nachbiblischen
Zeiten, welche sich gegen dieses Volk gestellt haben, wurden verflucht: die Assyrer, die Babylonier,
die Römer ... Ihre großen Welten zerfielen wie Kar-
tenhäuser, aber Israel bleibt als Volk bestehen.«[153]

Wissen kann Abram all das noch nicht, als er in Sichem
unter der Steineiche steht (1. Mose 12,6). Was macht er?

Er fragt nicht, sondern vertraut.

Er bohrt nicht weiter, sondern baut einen Altar.

Er protestiert nicht, sondern preist Gott.

Er weint nicht, sondern wartet.

Er vertraut auf Gottes Befehl: *»Geh, Abraham,
geh!«* Und er vertraut auf Gottes Verheißung: *»Ich will
dich segnen.«* Damit ist er für alle Zeiten zum Vater des
Glaubens geworden.

Berufung und Beruf

Wie *deine* Berufung genau aussieht, weiß ich nicht.
Gott hat individuelle Pläne für unser Leben. Es ist nicht
gesagt, dass du dich wie Abram von deiner Familie
trennen musst, um Gott und Menschen zu dienen, obwohl es das auch gibt. – Vielleicht ist Weltmission ja
seit dem letzten Kapitel ein Thema für dich.

Deine Berufung kann aber auch etwas mit deinem Beruf zu tun haben. Vielleicht überlegst du ja noch, was du mal machen sollst. Darf ich dich darauf aufmerksam machen, dass in Deutschland viele alte Menschen vernachlässigt werden, weil es zu wenig Pflegepersonal gibt?[154] Gibt dir das zu denken? Vielleicht sagt Gott zu dir: »Ich brauch dich. Leg deine Berufspläne zum Altpapier, du wirst Altenpfleger!« Gerade Jungs werden hier gesucht. Vielleicht ruft er ja sogar einen, der schon einen Beruf hat, und sagt: »Komm, sattle um, du hast lange genug unter dem Auto gelegen und dich mit Öl beschmiert. Das macht ab jetzt ein anderer. Für dich hab ich was Neues.« Übrigens: Für neue Aufgaben wurden später im Alten Testament Leute gesalbt ... Auf das Öl müsstest du also gar nicht mal verzichten.

Gott hat nicht für jeden von uns den gleichen Auftrag, aber er hat für jeden von uns das gleiche Angebot[155]: »*Ich werde dich segnen ... und du sollst ein Segen sein*« (1. Mose 12,2).

Ein Segen sein

Das scheint mir die Kernaussage zu sein: »*Ich werde dich segnen ... und du sollst ein Segen sein.*« Wodurch segnet Gott uns vor allem? Durch Jesus. Die Gestalt des Segens ist gleichzeitig die Gestalt seines Kreuzes, sind die ausgestreckten Hände. So wurden die beiden Balken des Kreuzes oft gedeutet: Als von oben nach unten – die Verbindung zwischen Himmel und Erde in Jesus.

Der zweite Balken hinter den ausgebreiteten Armen des Gekreuzigten als ein Angebot des Segens für alle Völker. So segnet Gott dich in Jesus und du sollst ein Segen sein für andere.

Als der Prediger Martyn Lloyd-Jones in der *Westminster Chaple* in London über den Glauben Abrahams sprach, schärfte er seinen Zuhörern ein:

»Meine lieben Freunde, wir sind nur etwa 70 Jahre lang auf dieser Erde – einige vielleicht ein wenig länger. Dies ist eine vergängliche Welt. Jenseits des Todes, jenseits des Lebens auf dieser Erde, jenseits des Grabes liegt die Ewigkeit. Dorthin sind wir unterwegs. Das Leben auf der Erde ist nur eine Vorschule dafür. Wir sind heute hier ... Doch das nächste Leben vergeht nicht, und darauf sollten wir unseren Blick gerichtet halten. Das ist die Wirklichkeit.«[156]

Vergeude deine Jahre nicht! Abram war 75, als er erst richtig zu leben anfing. Ihm gegenüber hast du einen großen Vorteil: Du brauchst nicht zu warten, bis du 75 bist. Du kannst heute schon den Weg mit Gott gehen. Du musst dich entscheiden: Soll dein Leben bedeutungsvoll sein oder bequem? Willst du eine gute oder eine möglichst »schmerzfreie« Entscheidung treffen? Eines steht fest: Neue Erfahrungen kannst du nur machen, wenn du bereit bist, Vertrautes hinter dir zu lassen.

Nachwort

Seltsam, einen Abschluss zu verfassen in einem Buch, in dem es um Anfänge geht. Weil das ein Widerspruch wäre, soll hier auch gar nichts abschlossen werden. Wenn du den Schmöker in ein paar Minuten zur Seite legst, dann denke noch einmal darüber nach, was du gelesen hast und was das für dein Leben bedeutet.

Wir begannen mit dem Kierkegaard-Zitat: »Verstehen kann man das Leben rückwärts, aber leben muss man es vorwärts.«

Was verstehen wir nun besser?

Und wie können wir nun erwartungsvoll »vorwärts leben«?

Rückwärts verstanden

Alles geht zurück auf Gott. Er hat die Welt samt uns gemacht. Wer das versteht, wird sich überhaupt erst einmal seiner waren Identität bewusst.

Gott hat uns Menschen als sein Bild, sein Gegenüber gewollt. Gott zu lieben und ihn zu loben ist ein wesentlicher Teil unserer Bestimmung. Allein zu wissen, dass es Gott gibt, ist zu wenig. Um die Beziehung geht es – eine Liebesbeziehung zu Gott.

Liebe ohne Freiheit ist allerdings nicht möglich. Wir Menschen neigen dazu, Gott den Rücken zu kehren und unser eigenes Ding zu drehen. Wir sind Sünder. Die Beziehung zu Gott ist seit dem Sündenfall im Eimer. Das muss ein Mensch sehen, und er muss es einsehen.

Religion macht den Menschen nicht besser – das hat uns Kain gelehrt. Wir werden nicht erlöst durch Religiosität, sondern müssen wohl eher erlöst werden *von* Religiosität. *»Denn niemand soll sich etwas auf seine guten Taten einbilden können«* (Epheser 2,9).

Sünde zieht Gericht nach sich – das macht die Sintflut erschreckend deutlich. Ihr war eine Flut von Gottlosigkeit vorausgegangen. Der Glaube Noahs und sein Gehorsam haben ihm das Leben gerettet. *»›Meint ihr, es gefällt mir, wenn ein Gottloser stirbt?‹, sagt Jahwe, der Herr. ›Nein, ich freue mich, wenn er sein Leben ändert und am Leben bleibt‹«* (Hesekiel 18,23). Was damals die rettende Arche war, ist für uns heute Jesus Christus. Steig ein!

Ein Christ glaubt, dass Gott existiert und diese Welt erschaffen hat. Er glaubt, dass Gott in seinem Sohn Jesus Christus Mensch geworden, am Kreuz für unsere Sünden gestorben und wieder auferstanden ist. Christsein heißt, auf Jesus zu vertrauen und seine Vergebung anzunehmen. Darum bekenne ihm deine Sünden, und sage ihm, dass er ab jetzt der sein soll, dem du glauben willst, dem du folgen und gehorsam sein willst!

Der Heilige Geist garantiert dir, dass du ein neuer Mensch, ein Kind Gottes geworden bist. Er, der Geist Gottes, will dich erfüllen und leiten.

Du beginnst allmählich, klarer zu sehen? Du glaubst an Jesus und bist auf einmal voller Tatendrang? Gut. Dann frage ihn, was er nun konkret mit dir vorhat! Sein vorrangiges Anliegen ist, sich der Welt vorzustellen. Lass dich senden! Gott verlangt nicht von jedem dasselbe wie von Abram. Was er verlangt, ist Gehorsam – wo auch immer dieser dich dann hinführen mag.

George Verwer hat 1957 die internationale Missionsgesellschaft »Operation Mobilisation« (kurz: OM) gegründet. Er erzählt davon, dass er sich schon mit 16 Jahren dreifacher Unternehmer nennen konnte. Kaum zu glauben: ein kleiner Kapitalist, der bereits 200 Teilzeitkräfte unter sich hatte. George war reich, aber er kannte Jesus noch nicht. Natürlich fand er es toll, die Taschen voller Geld zu haben und dann an einem einzigen Abend in den Nachtclubs von New York alles auf den Kopf zu hauen.

Jemand, der schon lange für George Verwer gebetet hatte, nahm ihn eines Tages mit zu einer Evangelisation, bei der Billy Graham predigte. Dort im *Madison Square Garden* saß George – jener gutbürgerliche Mittelklasseheide, wie er sich selbst bezeichnete. Und dort begegnete er zum ersten Mal in seinem Leben dem Mann aus Galiläa.

»Von diesem Augenblick an gab es nur eines für mich: mich total diesem Jesus auszuliefern (ich bin heute noch nicht ganz fertig damit). Ich verstehe nicht, wie manche Menschen es fertigbringen, mit Pauken und Trompeten ihr Leben Jesus zu übergeben und dann weiterzumachen wie bisher, mit ein paar kosmetischen Reparaturen hier und da ... Wenn Sie dem Heiland begegnen, macht er Sie von Kopf bis Fuß neu.«[157]

Innerhalb eines Jahres wurden in Georges Schule etwa 200 junge Leute Christen.

Was willst du aus deinem Leben machen? Jesus Christus will dich gerne in sein Gesamtunternehmen mit einbeziehen. Hör auf seinen Ruf: »Fang an! Fang neu an! Fang jetzt an!«

Anmerkungen

Vorwort

1. Dass es mehr als unsere drei räumlichen Dimensionen (Länge, Breite und Höhe) plus eine vierte, die Zeit, gibt, das bestätigt jeder Mathematiker und jeder Physiker. In neueren Physikmodellen (wie zum Beispiel der M-Theorie) sind bis zu elf Dimensionen formuliert. Andere sprechen sogar von über 30.

2. Die Werke Gottes lassen laut Römer 1,20 Rückschlüsse auf Gottes Wirklichkeit zu, auf seine Macht und auf sein Wesen. Das Wort Gottes, die Bibel, beginnt bei Gott und zeigt uns zudem, wer wir Menschen wirklich sind.

3. Søren Kierkegaard, Internet: gutzitiert.de (13.07.11).

1. Ohne Schöpfer bald erschöpft

4. Diesen Gedanken entwickelte Andreas Lindner aus Piding bei Bad Reichenhall in einer Predigt auf den Dillenburger Jugendtagen 1999.

5. Peter Hahne, *Schluss mit lustig, Das Ende der Spaßgesellschaft*, Verlag der St.-Johannis-Druckerei, Lahr 2004, S. 120.

6. Ebd., S. 121.

7. Immanuel Kant, der Vater der modernen Philosophie, hat erkannt (daher wohl der Name), dass Gott eine notwendige Voraussetzung dafür ist, moralisch zu leben. Seine Überzeugung war: Man kann nicht wissen, ob Gott existiert, aber man

muss so handeln, als ob er existierte, wenn Moral einen Sinn haben soll.

8. Wie kann jemand wie Mose eigentlich die Schöpfung beschreiben, wo doch kein Mensch dabei war – zumindest nicht an den ersten fünf Schöpfungstagen. Ich persönlich glaube an Prophetie. Prophetie bedeutet nicht allein, dass jemand von Gott zukünftige Ereignisse eröffnet bekommt und diese »voraussagt«, sondern Prophetie ist mehr. Wenn Gott einem Menschen grundsätzlich die Augen für etwas Verborgenes öffnet, dann ist das Prophetie. Wenn es sich um ein Ereignis handelt, kann dieses auch in der Vergangenheit liegen. Dass Mose die Schöpfung schildert, heißt, er ist ein Prophet Gottes, und wir haben es hier mit einer rückwärts gewandten Prophetie zu tun.

9. So Lindner.

10. So formulierte es der Philosoph Bertrand Russell. Siehe Timothy Keller, *Warum Gott?*, *Vernünftiger Glaube oder Irrlicht der Menschheit?*, Brunnen Verlag, Gießen 2010, S. 166.

11. Ken Davis, *Energy-Kick für die Seele, Wie der Glaube Flügel verleiht*, Gerth Medien, Asslar 2000, S. 34-35.

12. Die Voraussetzungen nennt man in der Philosophie *Axiome*. Ein Axiom ist ein Grundsatz, der keines Beweises bedarf.

13. Die meisten Menschen glauben, dass es Gott gibt. Viele von ihnen aber leben so, als ob es ihn nicht gibt ... wie die Israeliten in Ägypten. Die waren Sklaven. Lindner.

14. Danach steht es außer Frage, dass es Entwicklung in der Stammesgeschichte gibt. Wir Menschen selbst sind das beste Beispiel dafür. Gott hat *ein* Menschenpaar erschaffen. Heute kann man wenigstens 40 Menschenarten unterscheiden. Innerhalb von Arten findet Evolution unbestritten statt. Der Übergang von einer Art zu einer anderen dagegen ist schwer bis gar nicht nachweisbar.

15. Scott Larson, Chris Mitchell, *30 ehrliche Fragen an Gott*, Brunnen Verlag, Gießen 2007, S. 57.

16. In Kolosser 1,16b-17 heißt es: »*... alles ist durch ihn (Christus) und für ihn geschaffen; und er ist vor allem und alles besteht durch ihn.*« Die Bibel unterscheidet den ewigen Gott von der zeitlichen Schöpfung. Materie besteht nicht ewig. Ihre Existenz begann erst, als Gott das Sichtbare ins Dasein rief.

17. Alexander Garth, *Warum ich kein Atheist bin*, Gerth Medien, Asslar 2008, S. 57.

18. Ebd.

19. Wilhelm Busch, *Licht vom unerschöpflichen Lichte, Tägliche Andachten*, R. Brockhaus Verlag, Wuppertal o.J., S. 332.

20. Ravi Zacharias, *Sehnsucht des Herzens, Gottes Nähe wieder spüren*, Brunnen Verlag, Gießen 2003, S. 107.

21. Lindner.

22. Helmut Thielicke, *Das Gebet, das die Welt umspannt, Reden über das Vaterunser*, Brunnen Verlag, Gießen 2008, S. 83.

2. Gottes geniale Idee

23. John Shore, *Gefällt's dir? Ich nenne es Mensch*, DRAN (6.2007), S. 40.

24. Allein dein Gehirn setzt sich aus ungefähr 200 Milliarden Nervenzellen zusammen. Aneinandergereiht könnte man diese 145-mal um den Äquator wickeln. Marion Grillparzer, *Ich, ein Wunder der Natur*, DAK MAGAZIN FIT (1.2010), S. 35.

25. Was den Menschen vom Tier unterscheidet, ist nicht sein Denken. Tiere können auch denken. Der Satz *Cogito ergo sum* (lat. »Ich denke, also bin ich«) von René Descartes ist nicht biblisch, sondern heidnisch. Der Unterschied zwischen Mensch und Tier liegt im Gottesbezug des Menschen. Darum ist der Mensch auch auf der Suche. Er sieht nach oben, schaut sich die Sterne an und sagt: »Wow!« Andere Lebewesen tun das nicht. Ein Hund fragt nicht, wo sein Fressen herkommt. Er dankt auch niemandem dafür. Das höchststehendste Tier hat kein Gottesbewusstsein, keine Religiosität.

26. Max Lucado, *Das 3:16-Versprechen*, Gerth Medien, Asslar 2008, S. 40.

27. Vgl. Siegfried Kettling, *Wer bist du Adam?*, *Gottes Geschichte mit den Menschen*, R. Brockhaus Verlag, Wuppertal 1993, S. 26.

28. Ebd. S. 30.

29. Einen schönen Aspekt stellt Andreas Lindner heraus: Jesus wurde einmal gefragt, ob man als Jude dem römischen Kaiser Steuern zahlen müsse. Mit der Frage nach den Steuern wollten sie Jesus wieder mal in eine Falle steuern. Er forderte sie auf: *»›Zeigt mir die Münze, mit der ihr die Steuer bezahlt!‹ Sie reichten ihm einen Denar. Da fragte er: ›Wessen Bild und Name ist darauf?‹ – ›Des Kaisers‹, erwiderten sie. ›Nun‹, sagte Jesus, ›dann gebt dem Kaiser, was dem Kaiser gehört, und Gott, was Gott gehört‹«* (Matthäus 22,19-21). Wessen Bild ist auf der Münze? Das des Kaisers. Also gebt eure Steuergelder dem Kaiser! Und gebt Gott, was Gott gehört. Gibt es etwas, wo Gottes Bild drauf ist? Na? Schau mal in den Spiegel! Gib Gott, was Gott gehört, heißt: Gib ihm dein Leben, gib dich ihm selbst hin!

30. Auch diese Aufgabe erfüllt der vollkommene Mensch Jesus Christus. Er herrscht über Fische (Lukas 5,1-7), über Vögel (Matthäus 26,34 und 74) und über Landtiere (Markus 1,13 und 11,2-7).

31. In 2. Könige 24,17 heißt es beispielsweise: *In Jerusalem setzte er* (der König von Babel) *an Jojachins Stelle dessen Onkel Mattanja als König ein und änderte seinen Namen in Zidkija.* Auch Josef (1. Mose 41,45) oder Daniel (Daniel 1,7) bekamen in Ägypten bzw. Babylon andere Namen zugeteilt.

32. Kettling, S. 13-14.

33. Markus und Antje Schäller, *Sex ... um Gottes Willen!*, *Fragen und Antworten zum Thema Nr. 1*, CV Dillenburg 2007, S. 18.

34. »Erstaunlich, über was sich Menschen, die unbedingt etwas wollen, hinwegsetzen. Zum Beispiel darüber, dass Jungen und Mädchen verschieden sind. Diese Erkenntnis scheint vorübergehend abhanden gekommen zu sein. So zum Beispiel, dass Jungen ... sich langsamer entwickeln, dass sie sich lieber prügeln als zu quatschen, dass sie Gene haben, aus denen dieses imposante Imponiergehabe resultiert. So zum Beispiel, dass Mädchen aus jedem Lastwagen ein Baby-Auto und aus dem zweiten ein Mutter-Auto machen, dass sie gewissenhafter sind und eine schnellere Entwicklung hinlegen ... Natürlich wollen wir sie gleichberechtigt behandeln. Aber das heißt nicht: gleich!« Klaus Utermöhle, *Die Verrückten werden siegen*, *Es ist die Zeit der Kreativen, der Veränderer, derer, die sich etwas einfallen lassen und die auch was riskieren*, Zeppelin Verlag, Stuttgart 2006, S. 166.

35. Olaf Schubert bei einem Auftritt einer Sendung des NDR 2009.

36. Reinhold Ruthe, *Duett statt Duell*, *Wie Partnerschaft und Ehe gelingen kann*, Verlag der St.-Johannis-Druckerei, Lahr 2006. Reinhold Ruthe gründete zusammen mit seiner Frau Charlotte die erste deutsche Eheschule.

37. »Beide sollten sich einander unterordnen (nicht nur die Ehefrau dem Ehemann, wie gewöhnlich gelehrt wird). Für den Ehemann beinhaltet das mindestens drei Dinge:

1. Er soll leiten, denn er ist das Haupt der Frau (Vers 23). Dies macht ihn nicht zu einem Diktator, sondern zum verantwortlichen Leiter der Familie, der nicht nur das Vorrecht hat, die endgültige Entscheidung zu treffen, sondern auch die Verantwortung dazu.

2. Er soll seine Frau lieben (Vers 25). Ein Mann braucht diese Ermahnung, denn von Natur aus ist er nicht so gefühlvoll oder gar liebevoll wie eine Frau.

3. Er soll seine Frau nähren und pflegen (Vers 29) ...« Charles C. Ryrie, *Ausgewogen statt abgehoben, Der Weg zu einem echten geistlichen Leben*, CV Dillenburg 2007, S. 26.

38. Natürlich heißt es in Epheser 5, Vers 23: erst Christus, dann der Mann, dann die Frau. Das sagt etwas über die Stellung und Verantwortung aus, aber nichts über den Wert des jeweiligen Geschlechts.

39. Kettling, S. 20.

40. Diese Diskriminierung ist eine direkte Folge des Sündenfalls. Gott sagte zu Eva: »*Deinem Mann wirst du befehlen wollen, doch er wird über dich herrschen*« (1. Mose 3,16b).

41. Zitiert in Warren W. Wiersbe, *Sei fest gegründet, Den einfachen Wahrheiten des Wortes Gottes Vertrauen schenken*, CV Dillenburg 2002, S. 44.

42. Schäller, S. 19.

43. Helmut Thielicke, *Wie die Welt begann, Der Mensch in der Urgeschichte der Bibel*, Quell Verlag, Stuttgart 1960, S. 100.

44. Ebd., S. 103.

3. Folgenreiche Fehlentscheidung

45. Zumindest nicht in dem Maße wie wir Menschen. C.S. Lewis philosophiert über die Frage: »Warum erschuf Gott den Menschen aus so schlechtem Material, dass er fehlschlagen konnte?« Er geht dabei so weit zurück, dass er fragt, wie Satan, der ja auch ein Geschöpf Gottes ist, derart gegen Gott rebellieren kann. Seine Antwort: »Je besser das Material, aus dem ein Wesen geschaffen ist – je klüger und stärker und freier es ist –, desto besser auch das Endprodukt, wenn es richtig funktioniert, desto schlechter aber auch, wenn es sich falsch verhält. Eine Kuh kann kaum gut sein oder schlecht; ein Hund kann das schon eher. Mehr noch kann ein Kind gut sein oder schlecht; noch mehr ein normaler erwachsener Mensch. Ein Genie wiederum kann noch besser oder noch schlechter sein, und ein übermenschlicher Geist schließlich kann im höchsten Grade gut sein – oder schlecht.« Clive Staples Lewis, *Pardon, ich bin Christ, Meine Argumente für den Glauben*, Brunnen Verlag, Basel/Gießen 1991, S. 54.

46. Kettling, S. 36-37.

47. Das Wort *Okkultismus* stammt von dem lateinischen *occultus* und bedeutet so viel wie »verborgen«, »verdeckt« oder auch »geheim« und ist ein Sammelbegriff für übersinnliche Phänomene. Der Teufel ist ein Meister der Verschleierung.

48. Eine ausführliche Untersuchung dazu gibt es von der Freien Universität Berlin: »Dies gilt sowohl für die klassische als auch für die moderne Musik. Für die Erscheinungen des Teufels in der modernen Musik gibt es im Bereich der Rockmusik zahlreiche Beispiele. Obwohl der Teufel in allen modernen Musikarten auftaucht, ist die Rockmusik sein eigentliches Reich. Man findet ihn von den Anfängen des Rock 'n' Rolls über die ersten Bands des Heavy Metals bis zu den heutigen Vertretern des Extremen Sounds. Ob Freund oder Feind, ob in menschlicher oder dämonischer Gestalt, der

Teufel tritt in der Musik immer wieder auf.« Oliver Pfau, Internet, geisteswissenschaften.fu-berlin.de (12.07.11).

49. Vor allem in den metaphysisch geprägten Ansätzen.

50. Die Verehrung von Götzen betreffend schreibt der Apostel Paulus: *»Aber was sie opfern, das opfern diese Leute Dämonen und nicht Gott«* (1. Korinther 10,20).

51. Lewis, S. 52.

52. Kettling, S. 49-50.

53. »Obwohl der Mensch ein vielschichtiges Wesen ist, ist er dennoch eine Einheit ... Es ist falsch zu sagen, dass ›meine alte Natur dies oder jenes tut‹ ... Wenn wir solche Äußerungen tun, geschieht das oft, um uns von einer schlechten Tat freizusprechen.« Ryrie, S. 39-40.

54. Kettling, S. 53.

55. Ryrie, S. 168.

56. Kettling S. 61-62.

57. Lucado, S. 42.

58. Bob George, *Das Leben ist zu kurz, um die Hauptsache zu verpassen*, Hänssler Verlag, Holzgerlingen 2008, S. 94.

59. Philip Yancey, *Gnade ist nicht nur ein Wort, Wie Gottes Güte unser Leben auf den Kopf stellt*, R. Brockhaus Verlag/Ernst Franz Verlag, Wuppertal/Metzingen 1999, S. 49.

60. Joachim Cochlovius, *Wie es war im Anfang, Die biblische Urgeschichte*, Verlag der Lutherischen Buchhandlung Heinrich Harms, Groß Oesingen 2010, S. 50.

61. Man fragt sich, wie die Schlange wohl ausgesehen haben mag, als sie noch nicht auf dem Bauch kriechen musste. Wie ein Tausendfüßler vielleicht? Ich kann mir das kaum vorstellen. Wenn Gott in der Lage ist, ein Reptil zu erschaffen, und dann auch, dieses noch einmal umzuwandeln, dann muss das ja nicht heißen, dass er allein die Füße wegreduziert hat. Er kann die gesamte Anatomie verändert haben. Durch ihre jetzige Form hat Gott der Schlange die Möglichkeit gegeben, sich ohne Füße optimal fortzubewegen.

62. »So wie Saul zwar seiner Königswürde entkleidet war, David aber dennoch zehn Jahre lang verfolgte, so verfolgt Satan uns, obwohl er von einem größeren als er selbst bereits gestürzt wurde ... Blitz und Donner ereignen sich zur gleichen Zeit, aber wir sehen das Licht, ehe wir das Grollen hören. Aus der Perspektive Gottes sind Sieg und Gericht über den Teufel bereits am Kreuz vollendet. Wir haben den Blitz gesehen und warten nun einfach auf das Krachen seines Absturzes.« Erwin Lutzer, *Seine schwerste Stunde, Einblicke in das Herz Jesu am Kreuz*, CV Dillenburg 2005, S. 124.

63. Keller, S. 217.

4. Konkurrenzkampf oder Kurzschlusshandlung?

64. *»Und das Unedle der Welt und das Verachtete hat Gott auserwählt, das, was nicht ist, damit er das, was ist, zunichte mache, dass sich vor Gott kein Fleisch rühme«* (1Kor 1,28-29).

65. Jan Carsten Schnurr, *Die Dawkins-Lennox-Debatte, Eine Auseinandersetzung auf höchstem intellektuellem Niveau*, PERSPEKTIVE (11.2007), S. 33.

66. Du erinnerst dich: Mit dem Sündenfall sind Adam und Eva geistlich gestorben, so wie Gott es gesagt hatte (1. Mose 2,17). Adam konnte seinen Kindern nur sein biologisches Leben vererben, nicht aber geistliches Leben.

67. Man argumentiert, dass das Opfer Kains eine Frucht des Erdbodens sei, den Gott ja verflucht habe (1. Mose 3,17). Außerdem sei es das Ergebnis seiner eigenen Mühe. Das Opfer Abels dagegen bestand aus den besten der erstgeborenen seiner Lämmer (1. Mose 4,4). Dies deute auf Jesus hin, den das Neue Testament als *Lamm Gottes* bezeichnet (Johannes 1,29; 1. Petrus 1,18-19).

68. Ole Hallesby, *Religiosität oder Christentum*, R. Brockhaus Verlag, Wuppertal 1958, S. 113.

69. Natürlich fordert das Neue Testament ständig zu guten Werken auf. Dabei ist es aber wesentlich, ob ein Mensch vor oder hinter dem Kreuz steht. Einem, der davor steht, sich zu Jesus Christus zu bekehren, dem nützen Werke nichts. Das Werk Jesu am Kreuz genügt vollkommen. Aber wer hinter dem Kreuz steht – bereits seinen Weg mit Jesus geht –, der tut gute Werke. Sie gelten sogar als Beweis dafür, dass jemand wirklich glaubt (Jakobus 2,14ff).

70. Martin Luther, *Von der Freiheit eines Christenmenschen*, *Fünf Schriften aus den Anfängen der Reformation*, Band 2, Hänssler Verlag, Neuhausen-Stuttgart 1996, S. 172.

71. Theo Lehmann, *Mord und Totschlag in der Kinderstube*, *Reden für junge Leute*, Aussaat Verlag, Neukirchen-Vluyn 1991, S. 38.

72. Zitiert in Ravi Zacharias, *Kann man ohne Gott leben?*, Brunnen Verlag, Gießen/Basel 2005, S. 188.

73. Benedikt Peters, *100 Fragen zur Bibel*, Band 1, Schwengeler Verlag, CH-Berneck 1991, S. 85.

74. »Gott ernannte Hesekiel zum Wächter (Hesekiel 6,17). Wächter standen auf den Stadtmauern, Hügelkuppen oder Wachtürmen. Ein Wächter musste auf nahende Feinde achten und die Bevölkerung der Stadt vor einem drohenden Angriff

warnen ... In ähnlicher Weise war Hesekiel als Wächter Gottes dafür zuständig, Israel vor dem kommenden Gericht Gottes zu warnen ... Wenn Hesekiel nicht vor der Gefahr warnen würde, würde Gott von seiner Hand das Blut der Menschen fordern.« John F. Walvoord/Roy F. Zuck (Hrsg.), *Das Alte Testament erklärt und ausgelegt*, Band 3: Jesaja-Maleachi, Hänssler Verlag, Neuhausen-Stuttgart 1991, S. 271.

75. Lehmann, S. 44-45.

76. Ebd., S. 46.

77. »*Durch ihn wurden wir freigekauft – um den Preis seines Blutes –, und in ihm sind uns alle Vergehen vergeben*« (Epheser 1,7). »*... das Blut seines Sohnes Jesus macht uns von jeder Sünde rein*« (1. Johannes 1,7).

78. Lehmann, S. 46.

5. Weltuntergangs(be)stimmung

79. Angesichts des geistlichen Todes von Adam verstehen wir, warum die Jungfrauengeburt Jesu Christi so bedeutsam ist. »Dies war der einzige Weg, wie er geistlich lebendig in diese Welt hineingeboren werden konnte. Wenn er auf natürlichem Wege von zwei gefallenen Eltern geboren worden wäre, hätte er ihren Zustand des geistlichen Todes und ihre sündige menschliche Natur geerbt. Er musste geistlich lebendig geboren werden, denn nur so hatte er ein Leben, das er für uns hingeben konnte.« George, S. 62.

80. So Theo Lehmann beim 91. Jugendgottesdienst in Chemnitz am 11.11.1984, Internet: sermon-online.de (13.07.11).

81. Zitiert in Keller, S. 204. Natürlich können auch Christen sehr auf sich selbst bezogen leben. Der amerikanische Pastor Gary Kinnaman drückt dies so aus: »Es gibt im Wesentlichen

zwei Arten, das Leben zu betrachten. Die eine ist: Es gibt einen Gott, deshalb ist alles andere unwichtig. Die zweite ist: Es gibt einen Gott, deshalb ist alles andere wichtig. Ich halte es eher mit der zweiten Sichtweise.« Gary Kinnaman, *Was wir gerne glauben – Die zehn beliebtesten christlichen Irrtümer*, Oncken Verlag, Wuppertal/Kassel 2001, S. 152-153.

82. Peter Scholl-Latour, Internet: zitate-portal.com (13.07.11).

83. Markus Spieker, *Mehrwert, Glaube in heftigen Zeiten*, Verlag der St.-Johannis-Druckerei, Lahr 2007, S. 16-17.

84. Thomas Browne, Internet: aphorismen.de (13.07.11).

85. Ursprünglich bezeichnet die Verbalwurzel *nacham* ein tiefes Aufatmen, sei es aus Erleichterung, oder aus Schmerz. Gott empfindet in seinem Herzen mit, wenn er strafen muss, oder aber vergeben und segnen kann. In Jeremia 18,10 lässt Gott über Israel sagen: *»Wenn dieses Volk aber tut, was mir missfällt, und nicht auf mich hört, tut es mir Leid (nacham), dass ich ihnen das Gute bringen wollte (oder: ... so lasse ich mich des Guten gereuen ...«; Elberfelder-Übersetzung), und ich tue es nicht.«* nacham bedeutet nicht in jedem Fall das, was wir deutsch unter »bereuen« verstehen. Eine Umschreibung wäre passender: Gott hebt unter innerer Anteilnahme eine ausgesetzte Belohnung oder eine angedrohte Strafe (so in Jeremia 18,8) auf. Nach Peters, S. 175.

86. Lehmann, sermon-online.de.

87. Thielicke, S. 254.

88. Garth, S. 176.

89. Ebd., S. 176-177.

90. Ole Hallesby, *Unsere Kraft wächst aus der Stille*, R. Brockhaus Verlag, Wuppertal 2001, S. 83.

91. Das kam ganz zu Anfang schon einmal vor, nämlich als Gott alle Tiere zu Adam brachte, damit er ihnen Namen gebe (1. Mose 2,19).

92. Im Originaltext steht: 300 Ellen mal 50 Ellen mal 30 Ellen (1. Mose 6,15). Wie lang ist eine Elle? Je nach Land und Kultur war das unterschiedlich: 44 Zentimeter, 52 Zentimeter; einige geben sogar bis zu 85 Zentimeter an. Legen wir das kleinste Maß zu Grunde, so kommt man für die Arche auf eine Länge von ca. 131 Metern, eine Breite von ca. 22,5 Metern und eine Höhe von ca. 13,5 Metern.

93. Wiersbe, S. 101.

94. Darin wird zunächst einmal die Durchschnittsgröße eines der an Bord befindlichen Wirbeltiere ermittelt. Danach ist es natürlich wichtig zu wissen, wie viele Tiere etwa an Bord sein mussten. Schöpfungswissenschaftler gehen nämlich aufgrund ihrer Grundtypentheorie nicht davon aus, dass Noah zugleich etwa den Braunbären, Schwarzbären, Eisbären, Kragenbären, Grizzlybären usw. mitnehmen musste. All das wird näher in der Arbeit von Fred Hartmann erläutert. Als PDF-Datei kannst du dir diese im Internet unter wort-und-wissen.de herunter laden (13.07.11).

95. »Wenn wir Altes und Neues Testament sagen, hat das ... gar nichts mit dem Vermächtnis eines Verstorbenen zu tun. ›Der Alte und der Neue Bund‹ – damit soll das entscheidende Zeugnis der Bibel ins Zentrum gerückt werden: dass Gott sich in freier Wahl an sein Volk gebunden hat; und diese Selbstverpflichtung Gottes ist durch nichts mehr aufzuheben! ›*Denn Gottes Gaben und seine Berufung sind unwiderruflich*‹ (Römer 11,29).« Im Alten Testament haben wir hier den Bund mit Noah, dann den nächsten mit Abraham (1. Mose 15,17-18), den sogenannten Sinaibund in Verbindung mit den

Zehn Geboten (5. Mose 4,13) u.a. »Das Neue Testament sieht diesen Bund in Jesus erfüllt und im Heiligen Geist geschenkt. Durch den Glauben an Jesus Christus bekommen wir Anteil am Segen des Abrahambundes und empfangen den verheißenen Geist (Galater 3,9 und 14). Im Blut Jesu Christi hat der neue Bund seinen Grund und Bestand (1. Korinther 11,25). ›So ist Jesus Bürge eines viel besseren Bundes geworden‹ (Hebräer 7,22).« Karl-Heinz Michel, »Bund«, *Biblisches Wörterbuch*, Hg. Fritz Grünzweig, Jürgen Blunck, Martin Holland, Ulrich Laepple, Rolf Scheffbuch, R. Brockhaus Verlag, Wuppertal 1986, S. 60-61.

96. Markus Wäsch/Carsten Polanz (Hrsg.), *Murat findet Jesus*, CV Dillenburg 2006, S. 36.

6. Noch mal von vorn!

97. Rick Warren, *Zwölf, Gottes Antworten auf schwierige Lebensfragen*, Gerth Medien, Asslar 2007, S. 183.

98. Gerhard Naujokat, *Persönlichkeiten der Bibel zeitlos aktuell, Die herausfordernde Auswahl*, Hänssler Verlag, Holzgerlingen 2001, S. 19. Der evangelische Pastor Gerhard Naujokat war viele Jahre lang Generalsekretär des Weißen Kreuzes. 1999 erhielt er für sein Engagement das Bundesverdienstkreuz.

99. Tim Keller berichtet, dass New York voll ist von Menschen, die in diversen Kirchen aufgewachsen und getauft worden sind und die sich dann als Jugendliche von ihrem alten Glauben verabschiedet haben. Plötzlich aber halten sie inne und begeben sich neu auf die Suche. Keller schreibt: »Dann kommen sie zu mir und sagen: ›Herr Pastor, ich frage mich, ob ich nun bereits ein Christ bin oder nicht. Bin ich gerade dabei, zu meinem Glauben zurückzukehren, oder habe ich ihn jetzt überhaupt erst gefunden?‹ Die Antwort auf diese Frage ist denkbar einfach: Ich weiß es nicht, und es spielt

auch keine Rolle. Egal, ob Sie das Leben mit Gott beginnen oder wieder beginnen, Sie müssen die beiden gleichen Dinge tun.« Dann spricht Keller über Umkehr und über Glauben. Keller, S. 273.

100. Dass die höchsten Berge mit Wasser bedeckt waren (1. Mose 7,19), fällt schwer zu glauben. Schließlich bringt es der Mount Everest auf stolze 8.848 Meter. Doch wir haben berechtigte Gründe anzunehmen, dass die Berge vor der Sintflut allenfalls Hügel waren. Die Kontinentaldrift fand erst nach der Flut und vorwiegend in den Tagen Pelegs statt (1. Mose 10,25). Mit dem Auseinandertreiben der Erdteile wurde Sediment aufgetürmt – das zeigt jedes Faltengebirge (sieh dir zum Beispiel die Anden in Südamerika an). Das würde heißen, dass Gott die Berge, so wie sie heute sind, nicht so erschaffen hat, sondern dass sie im Nachhinein so wurden. Psalm 90,2 unterscheidet zwischen geboren werden und erschaffen: *»Noch ehe die Berge geboren waren und du die ganze Welt in Wehen erschufst, warst du, Gott, da und bist in alle Ewigkeit.«*

101. Der Ararat liegt in der heutigen Türkei an der Grenze zu Armenien.

102. Der Heilige Geist wirkte im Alten Testament nur punktuell auf bestimmte Menschen und nur in bestimmten zeitlichen Phasen ein. Petrus schreibt: *»Von Gott her redeten Menschen getrieben vom Heiligen Geist«* (2. Petrus 1,21; Elberfelder Übersetzung). Das ist vergleichbar mit einem Segelschiff, das auf den Wind von außen angewiesen ist. Seit Pfingsten wohnt der Heilige Geist in den Gläubigen (Römer 8,9 und 11). So hatte es Jesus seinen Jüngern angekündigt: *»... er bleibt bei euch und wird in euch sein«* (Johannes 14,17). Das ist vergleichbar mit einem Dampfschiff, das die Kraftquelle in sich trägt und eben nicht von der Windkraft von außen abhängig ist.

103. Diese drei Beobachtungen fand ich in einem Buch von Albert von der Kammer, das in den 1920-er Jahren zum ersten Mal erschienen ist. Albert von der Kammer, *Der Heilige Geist, der in uns wohnt*, Christliche Verlagsgesellschaft, Dillenburg 1987, S. 10-12.

104. Mit dieser Art der Auslegung des Alten Testamentes muss man natürlich vorsichtig sein. Da kann es leicht zu abstrusen Assoziationen kommen. Manche Theologen sagen, ein direkter Bezug von Ereignissen aus dem Alten Testament zur neutestamentlichen Gemeinde sei nur dann zulässig, wenn das Neue Testament diesen Bezug selbst herstellt. Zum Beispiel in Johannes 3,14-15, wo es heißt: *»Und wie Mose damals in der Wüste die Schlange für alle sichtbar aufgerichtet hat, so muss auch der Menschensohn sichtbar aufgerichtet werden, damit jeder, der ihm vertraut, ewiges Leben hat.«* Ich gehe aber davon aus, dass uns Gott in der Bibel noch manche Zusammenhänge offengelassen hat, damit wir sie selbst entdecken.

105. *»Ihr jedoch steht nicht mehr unter der Herrschaft eurer Natur, sondern unter der des Geistes, wenn wirklich Gottes Geist in euch wohnt. Denn wenn jemand diesen Geist von Christus nicht hat, gehört er nicht zu ihm .... Wenn nun der Geist von dem, der Jesus aus den Toten auferweckt hat, in euch wohnt, dann wird er durch den Geist, der in euch wohnt, auch eure sterblichen Körper lebendig machen, eben weil er Christus aus den Toten auferweckt hat«* (Römer 8,9 und 11).

106. David fleht Gott an: *».... nimm deinen Heiligen Geist nicht von mir«* (Psalm 51,13).

107. Aiden W. Tozer, *Gottes Nähe suchen*, Hänssler Verlag, Neuhausen-Stuttgart 1997, S. 104.

108. Es ist nicht so, wie Deisten im Zeitalter der Aufklärung meinten, dass Gott zwar existiert und auch die Welt erschaffen hat, aber später nicht mehr in sein Werk eingreift.

109. Erwin Raphael McManus, *Eine unaufhaltsame Kraft, Gemeinde, die die Welt verändert*, Gerth Medien, Asslar 2005, S. 46-47.

110. Lehmann, sermon-online.de.

111. Gott riecht das Opfer und beschließt: »*Nicht noch einmal werde ich nur wegen des Menschen den Erdboden verfluchen*« (1. Mose 8,21). Adam hat erlebt, dass der Boden Dornen und Disteln hervorbrachte (1. Mose 3,17-18). Kain hat erlebt, dass der Ackerboden gar nichts mehr her gab (1. Mose 4,12). Noah hat erlebt, dass der Erdboden unter Wasser gesetzt wurde ... Nachdem Gott den Erdboden damit schon dreimal verflucht hatte, sollte es keine weitere Steigerung in dieser Hinsicht mehr geben.

112. Im Detail aufgelistet im Internet unter embryonenoffensive.de (13.07.11).

113. Wiersbe, S. 122.

114. Aber es fällt auf, dass Gott durchaus viel an den Tieren liegt, an den »lebenden Wesen«. Gott ist Tierfreund. »Als der Apostel Johannes den himmlischen Thronsaal sah, erblickte er vier ungewöhnliche ›lebendige Wesen‹, die vor Gottes Thron anbeteten ... (Offenbarung 4,6-7). Das erste hatte das Angesicht wie das eines Löwen, das zweite wie das eines Stiers, das dritte wie das eines Menschen und das vierte wie das eines Adlers. Diese vier Angesichter gleichen den vier Arten der Geschöpfe, mit denen Gott diesen Bund schloss: wilde Tiere, Nutztiere, Menschen und Vögel (siehe 1. Mose 9,9-10) ... Die gesamte Schöpfung betet den an ... der für seine Geschöpfe sorgt und sich über ihre Anbetung freut.« Wiersbe, S. 127.

115. John F. Walvoord/Roy B. Zuck (Hrsg.), *Das Alte Testament erklärt und ausgelegt, Band 1, 1. Mose bis 2. Samuel*, Hänssler Verlag, Holzgerlingen 1990, S. 34.

116. Zum Beispiel Psalm 21,13: *»Denn du richtest den Bogen auf sie und jagst sie alle in die Flucht.«*

117. Charles Haddon Spurgeon, *Kleinode göttlicher Verheißungen, Für jeden Tag eine Verheißung*, R. Brockhaus Verlag, Wuppertal 1990, S. 15.

7. Sweet Home à la Babel

118. In Kapitel 10 ist das Königreich Babel schon vorausgesetzt (1. Mose 10,8-10); außerdem Ninive (1. Mose 10,11), Sodom und Gomorra (1. Mose 10,19) und andere Städte.

119. Auch die Ereignisse um die Berufung Abrahams in den Kapiteln 11 und 12 lassen sich besser verstehen, wenn man das Ende von Kapitel 11 als Gesamtsicht und die Geschichte ab Kapitel 12 als den Bericht der Einzelheiten versteht.

120. Als aufschlussreiche Arbeit zu diesem Thema empfehle ich: Cleon Rogers, *Die Entstehung des Pentateuch, Fundierte Theologische Abhandlungen*, Bd. 3, Verlag der Schriftenmission, Wuppertal 1985, S. 7-63.

121. Francis A. Schaeffer, *Genesis in Raum und Zeit, Der Anfang der biblischen Geschichte und seine Bedeutung für unser Welt- und Menschenbild*, R. Brockhaus Verlag, Wuppertal 1976, S. 116-17. Die vier Landessprachen der Schweiz sind übrigens Deutsch, Französisch, Italienisch und Rätoromanisch.

122. [Anon.], Internet: brandeins.de (13.07.11).

123. Charles R. Swindoll, *Zeit der Gnade*, Projektion J Buch- und Musikverlag, Wiesbaden 1994, S. 36.

124. Eckhart von Hirschhausen, *Glück kommt selten allein ...*, Rowohlt Verlag, Reinbek 2009, S. 261.

125. Im ersten Teil des Vaterunsers kommt Gott, der Vater, vor: seine Heiligkeit, sein Reich, sein Wille ... Erst danach geht es um uns und unsere Bedürfnisse. Diese Prioritäten sind eine gute Orientierung für unsere persönlichen Gebete.

126. Die Existenz eines Turms zu Babylon ist seit 1913 archäologisch nachgewiesen. Es handelt sich um eine Tempelanlage (Zikkurat, eine Art Stufenpyramide) in Babylon (heutiger Irak unweit von Bagdad), deren Fundamente der deutsche Architekt und Archäologe Robert Koldewey freigelegt hat.

127. Jesus sagte einmal: *»Und macht euch Geldbeutel, die keine Löcher gekommen«* (Lukas 12,33). Stell dir vor, du stehst mit einem solch löchrigen Beutel am Ende der Zeit vor Gott. Voller Stolz willst du zeigen, was du erreicht, geleistet, verdient hast. Ihr schaut gemeinsam hinein ... und es ist nichts drin. Der Inhalt eines irdischen, vergänglichen, löchrigen Beutels hat vor Gott einfach keine besondere Bedeutung.

128. Shane Claiborne, *Ich muss verrückt sein, so zu leben*, *Kompromisslose Experimente in Sachen Nächstenliebe*, Brunnen Verlag, Gießen 2009, S. 24.

129. [Anon.], »Sprachenverwirrung und Sprachenbegabung«, DIE TENNE, Nr. 17 (1. September 1931), S. 264.

130. » Man hat schon wiederholt versucht, die sprachlichen Gegensätze zwischen den Völkern durch Schaffung einer künstlichen Weltsprache zu überbrücken. Aber die Erfolglosigkeit, zu der alle derartigen Versuche bisher verurteilt wa-

ren, beweist aufs neue, dass es nicht in der Macht der Menschen liegt, ein von Gott verhängtes Gericht aufzuheben.« Ebd., S. 265.

131. Eigentlich ist das eine beschämende Angelegenheit. Unsere deutschen Bibelübersetzungen von Luther bis Volxbibel dagegen sind kaum noch zu überblicken ...

132. Als die Apostel zu Pfingsten anfingen, in anderen Sprachen zu reden (Apostelgeschichte 2,4), zeigte Gott, dass er beim Aufbau seiner Gemeinde helfen wird – trotz des alten Gerichtes der Sprachverwirrung.

133. Missionare von NTM gründen Gemeinden unter Volksgruppen, die bisher noch nie die biblische Botschaft in ihrer Sprache hören konnten. Zur Entstehungsgeschichte von New Tribes Mission: Ken Johnston, *Aufbruch zu den Unerreichten, Die Geschichte von New Tribes Mission*, NTM e.V., Hückeswagen 2003.

134. Philip Yancey, *Vom Jenseits ins Diesseits*, PERSPEKTIVE (12.2008), S. 50.

8. Neues Leben XXL

135. Garth, S. 99.

136. Die meisten Menschen versuchen so wie die Leute von Babel, sich selbst einen Namen zu machen: *»So werden wir uns einen Namen machen«* (1. Mose 11,4). Weitreichender und entscheidend aber ist, ob Gott einen Namen groß macht (1. Mose 12,2) und ob ein Name bei ihm registriert ist (Lukas 10,20; Offenbarung 21,27).

137. Es ist kein Schreibfehler, wenn in diesem Kapitel von Abram geredet wird, den du unter dem Namen Abraham kennst. Gott änderte bzw. ergänzte seinen Namen in 1. Mose

17,5. Abram bedeutet: »Gott, der Vater ist erhaben«. Dies war ein Bekenntnis von Abrams Eltern zu Gott. Abraham bedeutet: »Vater einer großen Menge«. Das war ein Bekenntnis Gottes zu Abraham.

138. *»Abram war sehr reich. Eine Menge Vieh und Silber und Gold gehörten ihm«* (1. Mose 13,2).

139. Samuel Diekmann, *Vom Superhelden Abraham, Oder: Christsein will gelebt werden*, Leuchter Edition, Erzhausen 2009, S. 15.

140. Das Neue Testament klärt uns darüber auf, dass Abram den Ruf Gottes nicht erst in Haran, wie man laut 1. Mose 12,4-5 vermuten könnte, erhalten hat, sondern bereits in Mesopotamien: *»Der Gott, dem alle Herrlichkeit gehört, erschien unserem Vater Abraham in Mesopotamien, als er noch nicht nach Haran umgezogen war. Er sagte zu ihm: ›Verlass deine Heimat und deine Verwandtschaft und zieh in das Land, das ich dir zeigen werde‹«* (Apostelgeschichte 7,2-3).

141. Hans Peter Royer, *Nach dem Amen bete weiter, Im Alltag mit Jesus unterwegs*, Hänssler Verlag, Holzgerlingen 2005, S. 62.

142. S. David Jaffin, *Abraham und die Erwählung Israels*, Verlag der Liebenzeller Mission, Bad Liebenzell 1996, S. 7-8.

143. Garth, S. 210-211.

144. Theo Lehmann, *Nix wie weg hier, Reden für junge Leute*, Aussaat Verlag, Neukirchen-Vluyn 2000, S. 9-10.

145. Gath, S. 77.

146. Claiborne, S. 215-216.

147. Natürlich ist das auch der Fall. An jedem Einzelnen von uns ist Gottes interessiert (siehe Psalm 139), schließlich ließ er seinen Sohn für uns sterben. Wer dies mit Überzeugung verkündigt und wer erklärt, dass mit dieser Erkenntnis das Leben erst beginnt, der wird von jungen Leuten gern gehört. Bauchpinsler dagegen sind mir suspekt.

148. Hahne, S. 73.

149. Text: Clemens Bittlinger; Copyright: Rechte beim Urheber.

150. Bayless Conley, *Fußspuren des Glaubens*, Bayless Conley, Berlin 2007, S. 9-10.

151. Zum einen hatte Gott den Namen bestimmt (1. Mose 17,19). Zum anderen begründet Sara den Namen damit, dass die Leute bestimmt lachen werden (1. Mose 21,6).

152. Albert Einstein, Internet: welt-der-zitate.de (13.07.11).

153. Jaffin, S. 10.

154. »Wenn die geburtenstarken Jahrgänge in Rente gehen, droht die Opakalypse. Die Wohnsilos werden bevölkert sein von Millionen alter, armer Menschen, die kaum das Geld für warme Mahlzeiten zusammen kriegen, geschweige denn für neue Hüftgelenke. Da trifft es sich gut, dass Christen ohnehin eher in Suppenküchen als in Ballsälen in ihrem Element sein sollten.« Spieker, S. 156.

155. Lehmann, S. 11-12.

156. David Martyn Lloyd-Jones, *Von Verdammnis zu Vergebung*, *Gottes Heilsplan im ersten Buch Mose*, 3L Verlag, Waldems 2011, S. 153.

Nachwort

157. George Verwer, *Von dir beschenkt*, Hänssler Verlag, Neuhausen-Stuttgart 1990, S. 137.

Buchempfehlung

Markus Wäsch
Fischbrötchen für alle!
... und andere Wunder, die
Jesus tat

Tb. 128 Seiten
Best.-Nr. 273.688
€ (D) 5,90
ISBN 978-3-89436-688-9

Jugendevangelist Markus Wäsch hat in diesem Buch
acht inspirierende Vorträge über die Wunder Jesu im
Johannes-Evangelium zusammengefasst. Diese humor-
vollen, anschaulichen und praktischen Predigten sprechen mitten ins Leben und fordern nicht nur Jugendliche heraus.

Christliche Verlagsgesellschaft mbH
Kompetent. Profiliert. Engagiert.